1인 미디어 시대, Broadcasting Jockey

영향력 있는 'BJ'
유투버를 꿈꾼다

그들은
어떻게
억대연봉 BJ,
유튜버가
되었는가?

윤서영 지음

< On Air

오늘도 신나게 출발합니다

넵, 오늘 패션 멋지십니다!

1인 미디어 시대, Broadcasting
Jockey

영향력 있는 BJ

유투버를 꿈꾸다

당신은
먹방을 본 적이 있는가?

 3년 전 어느 날 TV에서 이색 직업을 소개하던 중, 많이 먹는 것으로 방송을 하여 돈을 버는 직업이 있다는 것을 알게 되었다. 외모가 아주 예쁘고 아름다운 여자 BJ가 세숫대야 크기의 그릇에 담긴 음식을 먹기 시작했고, 사람들의 놀라움 속에 방송이 끝나기 전 그릇에 담긴 모든 음식은 없어졌다. 더 놀라운 것은 먹는 방송인 '먹방'을 직업으로 삼고 있다는 BJ의 수입이 연봉으로 따지면 억대가 넘는다는 것이었다.

 가수 싸이는 유튜브가 탄생시킨 글로벌 가수라고 해도 과언이 아니다. 국내에 유튜브의 광고수익이 대중에게 더 많이 알려진 계기가 된 것이 싸이의 '강남 스타일'이다. 대히트작인 '강남 스타일' 뮤직비디오는 2016년 6월 유튜브 26억뷰를 돌파했으며, 과거 구글이 공개한 '강남 스타일' 뮤직비디오의 유튜브 광고수익은 약 800만 달러(85억원)다.

 1인 미디어 시대가 도래하면서 한 사람이 방송을 하면서 동시에 방송을 통한 광고수입도 챙길 수 있는 유튜브가 나왔다. BJ는 'Broadcasting Jockey'의 약자로 인터넷 방송에서 방송활동을 하는 사람을 일컫는 말이다. BJ는 아프리카 TV에서 먹방, 겜방, 톡방 등을 진행하며, 그들의 녹화방송을 편집해 유튜브에 올린다. 억대 연봉을 추정하는 이들의 수입은 1차적으로 아프리카 TV에서 받는 별풍선과 초콜릿 등의 아이템을 환전하는 것이고, 2차적으로는 유튜브의 광고수익이다.

이 책은 BJ를 준비하면서 필요한 컨셉, 방송 스토리텔링에 필요한 스킬과 역량, 실적분석 등 다른 BJ를 모방하는 것이 아닌 나만의 색깔을 낼 수 있는 방향을 제시하는 최초의 보고서이다. '마리텔'과 같이 정규방송에서도 진행될 만큼 1인 미디어가 대세인 시대를 살고 있는 지금, BJ나 유튜버로서 활동할 계획을 갖고 있거나 방송을 하고 있는 모든 이들에게 꼭 필요한 책이 될 것이다.

유튜브 크리에이터, BJ로
성공하기 위한 최초의 보고서

3년 전 어느 날, 1인 미디어로 많이 먹는 것을 방송해 돈을 버는 직업이 있다고 소개하는 것을 TV에서 보게 되었다. 그녀는 매일 저녁이나 점심, 아프리카 TV를 통해 먹는 방송을 진행하고 있었다. 그녀가 먹는 음식은 대략 5~6인분 정도에 달하는 양이었다. 외모도 예쁜 그 여자 BJ는 세숫대야만 한 그릇에 담긴 음식을 먹기 시작했고, 방송이 끝나기 전 그릇에 담긴 모든 음식은 없어졌다. 그녀는 마지막에 다 먹은 빈 그릇을 MC들에게 보여주었다.

더 놀라운 것은 먹는 방송인 '먹방'을 직업으로 삼고 있다는 BJ의 수입은 연봉으로 따지면 억대가 넘었다. 아프리카 TV에서 먹방, 겜방, 톡방 등을 진행하며, 그들의 녹화방송은 편집을 통해 유튜브에 올려진다. 억대 연봉으로 추정되는 이들의 수입 구조를 보면 1차는 아프리카 TV에서 받는 별풍선과 초콜릿 등의 아이템을 환전하는 것이고, 2차는 유튜브의 광고수익이다. 두 수익을 합치면 1년에 1억 원이 넘는다는 것이다.

이런 사실이 미디어에 노출되면서 '1인 미디어 시대'가 더욱 활성화되기 시작했다. 먹방 BJ처럼 아프리카 TV에서 방송하고 유튜브에 녹화방송을 올리거나, 혹은 유튜브에 바로 올리는 유투버까지 방법도 다양하고 규모도 다양해졌다. 이렇게 1인 미디어의 진입장벽이 낮아지면서, BJ나 유투버는 누구나 시작할 수 있는 직업군으로 등장했고 '먹방 BJ', '겜방 BJ', '톡방 BJ', '쿡방 유투버' 등 새롭고 다양한 직업이 만들어지고 있다.

　　문제는 '1인 미디어'도 하루이틀 방송으로 끝나는 것이 아니다 보니, 자기관리 및 실적관리가 필요한데 그것에 대한 인식이 아직 미비하다는 데 있다. 실적이 높은 BJ나 유투버라 하더라도 더 폭넓은 시야로 방송을 준비하지 않으면 낙오될 수밖에 없다.

　　몸값이 높은 연예인을 우리는 흔히 중소기업에 비유한다. BJ도 이제는 1인 중소기업과 마찬가지이다. 하지만 교육이나 컨설팅 등이 이루어지기 힘든 1인 구조이다 보니, 개인의 가치관이나 의견에 따라 방송내용이 다양화되기 힘들고 더 자극적인 것만 추구하다 보면 제어할 수 없는 수준까지 갈 수도 있는 위험에 노출되어 있다.

책의 구성

BJ와 유투버가 되고자 하는 모든 이에게 도움이 될 수 있도록 책을 구성했다. BJ나 유투버는 실명이 아닌 BJ ○○, BJ ■■, BJ ♠♠ 등으로 표기했으니 참고하자.

Part1에서는 BJ와 유투버가 어떤 직업인지에 대해 인기 있는 BJ와 유투버의 에피소드를 소개한다.

Part2에서는 1인 미디어 방송을 시작하는 데 필요한 것에 관해 이야기한다. 먼저, '아프리카 TV', '유튜브'와 같은 플랫폼을 정하고, 노트북과 웹캠과 같은 장비를 구축한다. 가장 중요한 방송 주제를 정하고, 내 캐릭터와 컨셉을 잡아 나는 어떤 방송을 할 것인가에 대해 고민해보는 파트이다. 다른 BJ가 하지 않는 '독특한(Unique)' 나만의 캐릭터를 잡기 위한 방법을 제시하고 있다.

Part3에서는 내 방송에 대해서 내가 점검할 방안을 이야기한다. 정성적 평가를 통해 방송을 나의 느낌으로 평가해보고, 정량적 평가를 통해 수치로 평가해본다. 1인 미디어 방송이라 하더라도 전문직으로서 발전하기 위해서는 나의 현재 상태를 객관적으로 바라볼 수 있는 눈을 가질 필요가 있다. Part3에서는 고객센터에서 10년 이상 관리자로 근무하며 쌓은 QA 평가기술과 텔레마케팅 관리사 평가위원으로 활동한 이론을 토대로 전문가적인 스킬을 쉽게 전달하고자 했다.

마지막 Part4에서는 1인 미디어 방송에서 알아두면 유용하게 사용할 수 있는 팁에 대해서 안내한다. '아프리카 TV'의 저작권 관련 이용약관, 시청자가 원하는 상호작용의 방법에 대해서 고민해보고자 하며, 글자를 분석할 수 있는 R-프로그램을 아주 간단히 소개하고 있다.

이 책이 혼자 일하며 외로울 수 있는 BJ와 유투버 직업인들에게 도움이 될 수 있길 바란다.

목차

Part 1 BJ, 유투버는 어떤 직업인가?

Part 2   1인 미디어 방송, 나도 시작해볼까?

Part3 난 프로! 내 방송은 내가 관리한다!

Part4   알아두면 유용한 TIP!

BJ

BJ, 유튜버는 어떤 직업인가?

Case 1

인기 있는
　BJ와 유튜버,
그들은
　어떻게
방송을 할까?

먹는 것이 예쁜 BJ ○○,
억대 연봉인 그녀의 하루 일상은?
01

그녀는 먹방계에서는 신화로 불리고 있다. 먹방 1세대라고 불리는 그녀는 날씬하고 예쁘다. 대식가면서 뱃살이라고는 전혀 없는 볼륨감 있는 몸매로 대중의 관심을 한 몸에 받았다. 연예인 뺨치게 예쁜 그녀와 같이 앉아 대화하면서 맛있게 먹는 듯한 모습을 보는 것이 BJ ○○의 방송이 가진 매력이다. 그녀는 당시 아프리카 TV BJ 중에서도 단연 최고의 인기를 누렸다. 억대 연봉이라는 이야기는 이 시기부터 나온 것이 아닐까 추정해본다.

방송에서 소개된 그녀의 일상은 저녁 먹방으로 시작된다. 오늘 먹을 메뉴는 치킨 3마리와 전골냄비에 가득한 카르보나라와 콜라다. 치킨 3마리 중 하나는 새로 나온 메뉴다. 그녀의 방송은 처음에 음식을 세팅하는 과정부터 진행된다. 한 마리, 한 마리 치킨 상자를 열고 치킨을 내놓을 때마다 그 치킨의 이름, 맛, 식감과 가격까지 상세한 설명이 이루어진다. 특히, 직접 만든 카르보나라는 마트에서 구입한 소스 이름과 레시피를 알려주어 시청자가 똑같이 요리할 수 있도록 배려한다.

그녀는 시청자가 궁금해하는 새로운 메뉴의 닭 다리를 먼저 들었다. 닭 다리 하나를 가볍게 입안으로 넣고 씹으면서 그것이 어떤 맛인지 설명한다. 같은 매운맛이라도 달면서 매운맛인지, 그냥 맵기만 한 맛인지, 매운맛의 강도는 어떤지, 먹어본 맛인지 아니면 온전히 새로운 맛인지 등등 시청자에게 입으로 느껴지는 모든 감각을 전달한다. 시청자가 신 메뉴 소개가 지루해질 즈음 카르보나라 소스를 접시에 한 국자 덜어 치킨을 찍어 먹는 등 같은 메뉴로도 다양한 맛을 느낄 수 있는 방법을 제시하는 것 또한 그녀의 비결이다. 그녀가 맛을 표현할 때마다 시청자들은 별풍선을 쏘고 그녀는 감사의 뜻으로 다양한 애교의 리액션을 발산한다.

먹방은 2~3시간 정도 진행되고, 먹방 뒤에는 토크를 하는 톡방으로 넘어가 진행된다. 방송은 새벽 1~2시가 되어야 끝이 난다. 그날 녹화한 파일은 바로 유튜브에 편집해서 올린다. 그렇게 정리하고 먹은 것이 다 소화되기를 기다리다 보면 새벽 5~6시쯤 된다고 한다.

그쯤 잠들어 일어나면 오후 1시쯤! 먹방을 위해 일어나자마자 그녀가 하는 일은 미용실에 가는 것이다. 미용실에 가는 차 안에서 그녀는 오늘 먹방을 진행할 메뉴를 짜고, 장을 보고 나면 방송 시작 시간이 된다. 이렇게 빡빡한 일정 사이에 몸매 관리를 위한 운동도 1~2시간 정도 한다.

이것이 그녀의 생활 패턴이다. 거의 매일 같은 패턴의 생활이 이어지고, 가끔 친구를 만날 때는 밖에서 하는 야외 먹방을 한다고 한다. 방송 중에 친구와 다양한 대화를 할 수 없는 점이 아쉽지만, 일하면서 친구도 만날 수 있어 일거양득이라고 했다.

?? 'BJ', '유튜버'의 의미는?

'BJ'는 Broadcasting Jockey의 약자 또는 방장을 일컫는 말로 인터넷 방송에서 방송활동을 하는 사람을 일컬어 부르는 말이다.

'유튜버'는 유튜브(youtube)를 통해 방송을 하는 사람을 가리키는 신조어이다.

출처 : 위키백과

Case 1 인기 있는 BJ와 유튜버, 그들은 어떻게 방송을 할까?

누구보다도 월등하게 많이 먹는다, 최근 먹방계의 최고 BJ △△!

02

보통 먹방은 4~5인분 정도로 먹거나 많아야 5~6인분 정도이다. 키 185cm의 BJ △△는 최근 먹방계에서 단연 최고로 손꼽힌다. 먹방 중에서도 월등히 많이 먹기 때문이다. 많을 때는 '성인 여자 10명도 먹기 힘들겠다.' 하는 정도의 양을 해치운다.

이 BJ의 특징은 일단 모든 음식을 완벽하게 세팅해 놓고 방송한다는 것이다. 그리고 먹으면서 설명한다. 빨리 먹고, 많이 씹지 않는다. 채소를 싫어해서 거의 육식 메뉴가 대부분이다. 키가 큰 이 미남 BJ는 하루에 1~2시간 정도 운동을 한다고 했다. 하지만 먹방을 시작한 지 1년여 만에 체중이 20kg이나 늘었고, 최근 다이어트를 위해서 보름 정도 방송을 쉬었다.

시청자의 어떤 요구도 모두 들어주려고 노력한다는 것이 이 BJ의 또 다른 특징이다. 다분히 수용적인 성향 때문인지 최근 팬클럽 인원이 급상승했다. 심지어 채팅창에 욕설하는 시청자에 대해서도 스트레스를 해소하려고 방송에 들어온 것이니 괜찮다고 말한다. 다만, 장애인 비하 등 사회적으로 문제 되는 것에 대해서만 제재하고 있다.

먹는 순서도 시청자가 원하는 대로 먹어준다. '뭐부터 먹어주세요~' 하면 그것부터 먹으면서 맛을 설명한다. 채소를 너무 먹지 않는다는 팬클럽의 걱정으로 메뉴에 샐러드도 넣었을 만큼 수용적이며 매너가 좋다. 대화는 대부분 시청자의 질문에 대한 답변이나 시청자가 올리는 글 위주로 진행된다. 본인의 수입에 대한 질문, 생활에 대한 질문 등 다양한 질문들에 관해 주로 이야기한다.

별풍선을 받고 리액션을 못한다고 수줍어하는 반응이 귀여운 BJ이다. 시원시원한 외모와 수용적인 성격 덕에 다수의 팬클럽을 보유하고 있으며, 먹방 일정으로 친구들과 술을 마실 수 있는 시간적인 여유가 없다며 가끔 술을 마시는 술방도 진행한다.

누구도 흉내 낼 수 없다, 10억대의 연봉을 추정하는 엽기 BJ ■■!

03

아프리카 TV에서도 단연 최고의 연봉을 자랑하는 이 BJ는 재미있고 엽기적인 면으로 아프리카 TV의 이슈메이커가 되었다. BJ ■■의 방송에서는 사람이 먹기 힘든 조합의 메뉴를 쉽게 볼 수 있고, 최근에는 돼지와 함께 먹방 시합을 했을 정도로 엽기적이다.

인터넷상에서 떠도는 그의 연봉은 억대가 아니라 10억 단위로 추정하고 있다(아프리카 TV 수입 + 유튜브 수입). BJ ■■는 대부분의 방송시간 동안 조증 상태를 유지한다고 한다. 조증 상태라는 것은 언성이 높고 흥분 상태임을 의미한다. 보는 사람의 호감은 모르겠지만, 지루함은 절대 없다. 당신이 비호감이라고 생각하지 않는 이상 그의 방송을 계속 보게 될 것이다.

가장 기억에 남는 방송은 날달걀 100개 먹기, 취두부 6통 먹기 등이다. 방송 중에 소리 지르며 버럭 화를 내기도 한다. 어떤 방송에서는 본인의 머리를 삭발하기도 했다. 깔끔하고 매너 있는 다른 BJ의 방송들과는 180도 다르다. 오히려 자극적이라 하겠다.

그럼에도 불구하고 팬층이 다양하고 두터우며 누구도 쉽게 따라잡을 수 없는 카리스마를 지니고 있다. 음식점으로 치면 욕쟁이 할머니 같은 포스다. 그의 방송국 안에서는 확실히 BJ ■■가 주인공이다. 그 누구도 따라갈 수 없는 엽기적인 포스가 그의 매력 포인트인 셈이다.

먹방계의 짐승돌 꽃미남,
자기관리의 모범 사례 BJ ♠♠!

04

예의와 침착함이 컨셉인 그는 자기관리가 매우 뛰어 나다. 타의 추종을 불허할 만큼의 양을 먹는다. 그렇게 많은 양의 음식을 매일 먹으면서도 변하지 않는 날렵한 턱선과 근육질의 몸매를 자랑한다. 일과 중 5~6시간을 운동에 투자한다는 그는 다른 BJ들이 대부분 길어야 하루에 1~2시간을 운동으로 소비하는 것과는 차원이 다른 자기관리를 보여준다. 하루에 5~6시간이면, 깨어 있는 시간의 3분의 1을 운동에 할애하고 있는 셈이다.

방송의 특징은 다소 무뚝뚝함이 있지만, 자상하고 꼼꼼하다. 음식에 관해서 상세히 설명을 하거나 세팅 하는 과정을 보여주는 남자 BJ는 많지 않다. 그는 요리 하는 과정을 종종 보여준다. 또한, 음식을 세팅해서 시 청자에게 보여주는 화면이 먹방 BJ들 중 단연 으뜸이 아닐까 생각된다. 바로 내 눈앞에 있는 것과 같이 보여 줘 마치 앞에서 같이 먹고 있는 듯한 느낌을 준다. 여기에는 어느 정도 캠의 각도와 성능, 음식 세팅 기술 등이 필요해 보인다.

BJ ♠♠야말로 이 책에서 가장 모범적인 사례로 손꼽을 만한 BJ이다. 자기관리가 뛰어나고, 컨셉이나 전략이 다양하며, 본인의 부족한 리액션을 다양한 음식 사례로 보완하고 있다. 더 자세한 설명은 정성적 평가에 나오니 나의 BJ 전략을 세울 때 참고하도록 하자!

'먹방'의 의미는?

'음식 먹는 방송'을 지칭하는 말이다. '먹방'이란 말이 언제부터 쓰였는지 확실하진 않지만, 2008년 경 인터넷 방송에서 시작되었다는 분석이 있다. 방장 본인이 무언가를 직접 먹으며 시청자들의 식욕을 돋우거나 짠한 느낌을 전함으로써 방송 시청을 유도하는 식이다.

아프리카 TV는 모바일 아프리카 TV 앱을 통해서도 먹방 서비스를 제공하는데, 이 역시 큰 주목을 받고 있다. 출연자이자 방송을 내보내는 주인공은 짜장면을 먹으면서 음악에 맞춰 춤을 추기도 하고, 혼자 게임을 하기도 하고, 연애사 등 소소한 일상을 이야기하기도 하는데, 이를 보는 네티즌들은 댓글을 달며 실시간으로 반응한다.

출처 : 트렌드 지식사전1, 김환표

어눌해 보이는 착한 컨셉, 옆집 친구와 같은 느낌인 BJ □□!

05

지금까지 소개한 BJ 5명 중 인기 순위로는 가장 낮은 BJ다. 자취방 구석에 조그마한 상을 펴놓고 먹방을 하는 BJ □□는 말투가 어눌하다. 여자임에도 불구하고 대부분의 남자 BJ와 마찬가지로 음식을 모두 세팅해놓은 상태에서 먹방을 진행하며, 별다른 이야기 없이 먹방하면서 채팅창에 올라오는 글에 대해 답변을 한다. 말수가 적고, 수줍어하며, 수수하다.

처음에 이 BJ의 방송을 보고 약간 의아했다. '누군가 별풍선을 준다면 대체 왜 주는 걸까?' 하는 생각이 들었다. 하지만 아프리카 TV에서 인기가 상위권은 아니지만 탄탄한 팬층을 가지고 있다. 우리는 여기에 집중해야 한다. 컨셉이 화려하지 않고 있는 모습을 그대로 보여주는 것만으로도 시청자와의 교감이 가능한 것이 바로 1인 미디어의 특징 중 하나이다.

또 다른 특징은 빅사이즈의 음식을 직접 만들어 선

보인다는 것이다. 예를 들면 자신의 머리만 한 핫도그, 팔뚝만 한 김밥, 세숫대야 냉면, 책가방만 한 사이즈의 오므라이스, 세숫대야 김치찌개, 왕 밥버거, 대형 초밥 등 빅사이즈의 음식을 직접 장을 봐서 만들고, 그것을 먹는 방송을 진행한다. 평소에는 보기 힘든 빅사이즈 음식이 이 BJ의 컨셉이다. 사실 이렇게 차별화된 컨셉만 있다면 누구나 방송을 시작할 수 있다.

BJ □□는 시청자에게 별풍선을 받을 때의 리액션도 수줍다. 수줍어하면서 음식을 먹는 BJ의 모습이 세련된 리액션보다 더 친근감이 들고, 그래서 더 정감이 가는 BJ다.

?? 별풍선이란?

'별풍선'이란 아프리카 TV에서 시청자에게 판매하는 유료 아이템으로, 시청자는 방송 중 BJ에게 선물로 별풍선을 쏠 수 있으며 이 별풍선은 현금화되어 BJ에게 지급되기 때문에 BJ들의 주요 수입원이 된다. ??

신기하죠?
물방울 떡 만드는 유투버!
06

유튜브에는 짧은 동영상으로 화제가 되는 유투버들이 많다. 한 유투버는 일본산 '쿨아가'를 이용해 사이다나 콜라, 초콜릿 우유 등의 음료수를 젤리 형태로 고체화시키는 영상을 방송한다. 영상의 제목을 '물방울 떡', '사이다 떡' 등 투명한 떡이라는 의미로 표현해 대중의 관심을 끌었다. 그 결과, '물방울로 어떻게 떡을 만들지?'라는 호기심은 클릭과 공유를 유도해 400만이 넘는 조회 수를 갱신했다.

이것은 '미즈신겐모찌'라고 불리는 일본 디저트로, 우리말로는 '물방울 케이크'이다. 이미 일본에서는 대유행한 바 있고, 미국에서 디저트로 출시될 만큼 대중의 호기심을 자극할 수 있는 신제품이다. 이 유투버는 실제 시중에 존재하는 제품을 만들기도 하고, 응용 편으로 물방울 케이크 안에 딸기나 젤리를 넣어 실제로 물방울 안에 딸기나 젤리가 들어 있는 듯한 느낌을 내기도 했다. 이 영상이 인기를 끌자 사이다나 콜라, 초콜릿 우유 등 다양한 음료수로 시도하면서 시리즈 편으로 연재되고 있다.

　이처럼 유투버의 장점은 BJ처럼 얼굴을 공개하지 않아도 대중의 호기심을 자극할 수 있을 만한 다양한 주제를 가지고 방송하고 수익을 낼 수 있다는 것이다.

물방울 떡 만들기

?? 쿨아가란?

한국의 젤리나 양갱을 만들 때 사용하는 우뭇가사리를 가공한 '한천'과 비슷한 재료이다. 일본에서 젤리형 디저트를 만들 때 사용하는 식재료로, 해초 추출물로 만들어진다. '젤리 노모 토'라고도 하며, 실온에서도 녹지 않는 부드러운 맛이 일품이다.

유튜브 화제의 동영상에서 한천을 사용하지 않고 쿨아가를 사용한 이유가 있는데, 한천을 쓰면 물방울과 같이 투명하게 나오지 않고 약간 불투명한 결과물을 얻는다고 한다. 물방울 떡의 물방울과 같은 투명한 효과를 내기 위해 최근 국내에서 쿨아가의 수요가 늘고 있다.

??

Case 2

1인
미디어란
무엇인가?

아프리카 TV와
Youtube의 출현!
07

이 책에서는 1인 미디어의 대표적인 플랫폼으로 아프리카 TV와 유튜브를 중심으로 소개하고자 한다. 아프리카 TV가 현재 가장 대중적이며, 수만 명의 BJ를 보유하고 있다. 아프리카 TV는 현재 우리나라의 1인 미디어 방송을 이끌고 있다고 해도 과언이 아닐 것이다. 특히, 인기를 끈 '먹방'은 정규방송에서 다양한 컨셉의 예능 프로그램으로 응용되고 있다. 방송계에 먹방이라는 새로운 컨셉을 제시했음은 누구도 부정할 수 없을 것이다.

마찬가지로 유투버의 명성은 따로 언급할 필요가 있을까 싶을 정도이다. 이 외에도 페이스북, 인스타그램 등과 같은 SNS도 있으나, 이 책에서는 1인 미디어를 제공하고 있는 플랫폼을 기준으로 이야기를 해보려고 한다. 다만, 아프리카 TV(www.afreeca.com) 이외에도

1인 미디어 방송이 가능한 플랫폼은 다음 TV 팟 (www.tvpot.daum.net), 유스트림(www.ustream.tv) 등 여러 개가 있으니 방송 시작 전에 다양한 플랫폼을 찾 아보도록 하자.

아프리카 TV와 유튜브 모두 실시간 방송과 녹화방 송이 가능하다. 아프리카 TV는 별풍선과 초콜릿 등의 유료 아이템이 있고, 유튜브는 시청자가 클릭하는 광 고수익이 있다. BJ는 대체로 아프리카 TV에서 방송하 며, 녹화방송 파일을 유튜브에 올려 유투버로도 활동 하고 있다.

화상방송 가능한 플랫폼

지금 소개한 아프리카 TV나 유튜브는 '1 : 다수' 의 방송에서 BJ나 유투버의 일방적인 방송이라면, '1 : 다수'의 방송에서 화상방송이 가능한 플랫폼도 있 다. 시청자 한 명, 한 명과 이야기를 나눌 수 있는 형식 이라는 의미다. 주로 강의와 같은 콘텐츠를 전달하거 나, 회의가 필요할 때 이용하긴 하지만, 방송에서 이용 하는 것도 나쁘지 않아 보인다. 아프리카 TV나 유튜브 모두 시청자는 시청하며 채팅창을 통해서만 소통할 수 있다. 하지만 화상방송은 서로의 얼굴을 보며 쌍방향 커뮤니케이션이 가능하다.

필자가 사용해본 것으로 언급하자면, '스카이프'와 '라이브샘'이 있다. 스카이프는 모바일 버전과 비즈니스용도 출시되어 있어 용도에 맞게 사용 가능하다. 화질이나 음질 모두 양호한 편이다. 모두 무료로 이용할 수 있으며, 라이브샘은 인원이나 상황에 따라 유료인 경우도 있으니 자세한 사항은 각 홈페이지를 참조하자.

[화상으로 쌍방향 커뮤니케이션이 가능한 플랫폼]

스카이프 : www.skype.daesung.com

라이브샘 : www.livesam.com

1인 방송하는
BJ, 유투버도 연예인일까?

08

BJ에 대한 이해

BJ는 Broadcasting Jockey의 약자 또는 방장을 일컫는 말로 인터넷방송에서 방송활동을 하는 사람을 일컬어 부르는 말이다. 집, 사무실 등의 장소에서 컴퓨터에 내장된 카메라 혹은 소형 캠코더 등으로 콘텐츠를 촬영하고, 인터넷 방송 사이트에 게재하는 사람을 말한다.

아프리카 TV 홈페이지의 9가지 주제에 따라 토크/캠방, 먹방, 스포츠, 지상파/케이블, 게임, K-Pop, 애니메이션, 교육, 창업방의 BJ가 활동 중이다. 인기있는 주제는 게임을 하는 겜방 BJ, 먹는 방송인 먹방 BJ, 토크를 하는 톡방 BJ, 그리고 교육을 하는 강사 BJ이다.

BJ, 유투버! 연예인과 공통점은 어떤 것이 있을까?

연예인이란, 사회적으로 공적 인지도(public recognition)가 있는 실재하는 인물이라고 정의하였다 (McCraken, 1989). 최근에는 업적, 생활양식, 직업 등에 의해 어느 정도 명성을 얻은 사람(persuasive public figure)을 의미하는 공인의 개념으로 연예인을 정의하기도 한다. 연예인은 자신의 노동을 제공하는 측면에서 보면 일반 근로자와 별다를 것이 없다. 하지만 수행하는 역할은 일정 부분 타고난 예술적 재능과 감성, 신체적 조건 등에 기반을 두고 있다는 것이 일반 근로자와의 차이점이다. 또한, 대중의 요구에 따라 연예인의 구체적인 재능과 표현해야 하는 내용 등이 시시때때로 변한다.[1)]

예를 들어, 최근에는 가수, 배우, 개그맨의 경계가 뚜렷하지 않다. 만능 엔터테이너라고 소개하는 그들은 때때로 연기면 연기, 노래면 노래, 예능 프로그램에서

---

1) 한국콘텐츠학회논문지 제12호 발췌, 2012년 12월

는 예능인으로 활동하고 있다. 또, 같은 연기자라도 어떤가? 작품에 따라 그들이 보여줘야 하는 색깔이나 컨셉은 매번 다르다. '사도'라는 영화에 나온 정해균 씨는 영화의 몇 분이 채 되지 않는 장면에 눈이 먼 무당(소경박수)으로 나왔다. 그는 그 장면을 위해서 수개월 동안 스님에게 경을 읊는 것을 배우러 다녔다고 했다. 일반 근로자는 근무시간에 회사에 노동력을 제공한다. 물론 자신의 경력 개발을 위해 근무 외의 시간을 투자하는 사람도 있을 것이다. 하지만 연예인은 이런 투자의 시간이 필수다. 준비 없이 카메라 앞에 설 수 없는 것이 그들의 일이다.

BJ, 유투버 vs 연예인 비교분석

그렇다면, 이쯤에서 최근 인기를 얻고 있는 BJ나 유투버와 연예인을 비교해보겠다. 그들도 어느 정도의 사회적 명성을 얻고 있다. 어느 BJ가 방송에서 어떤 말을 했는지에 대한 기사를 다음 날이면 확인이 가능한 것은 그들이 어느 정도 사회적 명성을 얻고 있음을 대변해주고 있다. 또한, BJ나 유투버의 노동은 일정 부분

신체적 조건이나 예술적 재능과 감성을 내포하고 있다. 외모와 목소리, 행동이 고스란히 노출되며, 그 밖에 다양한 측면에서 자기 노출이 이루어지고 있기 때문이다.

방송은 많은 부분에서 창조성을 가진 직업이다. 똑같은 먹방인 것 같지만, 앞에서 소개한 BJ들은 모두 컨셉이 다르다. 의도적이든 의도적이지 않든 자신의 컨셉을 정하고 수익을 창출하는 직업인 것이다.

다음의 표 〈연예인과 일반 직장인의 특성 비교〉를 살펴보자.

먼저 '정규직 vs 비정규직' 항목을 보면, 연예인은 비정규직의 성격이 강하다. 최근에는 소속사와 계약을 하지만, 진행한 프로그램이나 작품을 통해서 '몸값'이라고 표현하는 급여를 받는 관례는 계속되고 있다. 일반 직장인도 정규직과 비정규직이 있지만, 대부분 월급을 받는 제도에 속해 있다. 1인 미디어는 연예인과 마찬가지로 프리랜서 성격이 강하고, 일한 만큼의 대가를 번다. 내가 오늘 하루 먹방을 쉬었다면, 나의 기회비용은 누가 대신 갖다 주지 않는다.

노동강도가 활동 시기에 집중되어 있는 것은 연예인이 카메라 앞에서 노동강도가 가장 높다는 것을 의미한다. 1인 미디어 방송을 하는 BJ나 유투버도 마찬가지다.
BJ들은 경력에 관계없이 언제나 약간의 긴장된 모습을
보여준다. 이는 카메라 앞에서의 노동강도가 낮지 않
음을 보여주는 것이 아니겠는가?

항목	연예인	일반 직장인
정규직 vs 비정규직	비정규직의 성격이 강함 작품 편당 계약제	정규직+비정규직
프로젝트 조직의 성격	강함	일상 업무
프리랜서적 성격	강함	조직에 소속
노동의 강도	활동 시기에 집중 노동	보통의 노동 강도
성수기와 비수기	활동 시기 사이에 휴식기 존재	계약서에 따라 상시 근로
요구하는 능력	재능과 끼	그 직무에 적합한 지식, 기술, 태도
교육훈련	필요에 의해 교육	정기적인 교육훈련
국민연금	매우 낮은 가입률 (24.9%)	의무가입
고용보험	매우 낮은 가입률 (18.3%)	의무가입
산재보험	매우 낮은 가입률 (12.3%)	의무가입
임금	인기에 비례	조직 내 규정

연예인과 일반 직장인의 특성 비교 (한국콘텐츠학회논문지 제12호)

연예인은 한 작품을 하고 나면 휴식기에 들어간다. 그 사이 여행을 다니기도 하고, 다음 작품을 고르기도 하며, '사도'의 정해균 씨와 같이 다음 작품에서 필요한 스킬을 배우기도 한다. 가수라면 작곡이나 작사를 하기도 하고, 춤을 배우기도 할 것이다.

최근 BJ 사이에서 휴식기를 갖는 것이 유행하고 있다. 처음에는 멋모르고 시작했다가 어느 정도 인기를 얻고 나면 돈이 눈에 들어오기 시작한다. 사람이라면 누구나 그럴 수 있을 것이다. 예전에는 회사에 매일매일 열심히 다녀야만 만질 수 있었던 돈을 하루에 벌어들이는 날이 올 수도 있다. 아니, 그것보다 더 많은 돈을 벌게 되면, 사람은 약간 흥분 상태가 될 수 있다. 꽤 많은 유료 아이템을 받고 약간의 흥분 상태를 보이는 BJ의 모습을 간혹 볼 수 있다. 이런 상태에서 하루 또는 며칠을 쉰다는 것은 쉽지 않다. 지금 당장 돈도 돈이려니와, 휴식기를 가지게 되면 이후에 다시 이런 인기를 얻을 수 있을까 하는 두려움 때문이다.

이런 모습은 연예인과 흡사하다. 현재 작품이 흥행했을 때, 다음 작품을 고르면서 더 많은 부담을 가진다고 한다. '다음 작품이 인기가 없으면 어떻게 하나?'라는 고민 때문이다. 하지만, 그 반대의 경우도 쉽지는 않다. 지금 작품이 흥행하지 못했다면, '다음 작품에서 또 흥행하지 못하면 어떻게 하나?'라고 고민한다고 한다.

이렇게 인기에 비례해서 임금을 받는 연예인과 마찬가지로 BJ나 유투버도 인기에 따라 돈을 번다. 그리고 이 일을 하기 위해서는 일정 수준의 재능과 끼가 필요하다. 여기서 말하는 재능과 끼에는 창조성도 포함되어 있다. 똑같은 캐릭터를 연기해도 연기자마다 표현하는 것이 다르다. 이것은 그 캐릭터를 내 것으로 흡수해 내뱉는 재창조의 과정이 필요하기 때문이다. BJ나 유투버도 누군가는 그냥 지나가버리는 주제를 자기 것으로 만드는 재능이 반드시 필요하다.

1인 미디어 교육의 필요성

이런 이유로 일반 직장인보다 더 많은 교육과 훈련이 필요한 것이 연예인이다. 하지만 1인 미디어를 이끌어가고 있는 BJ나 유투버는 교육이나 훈련의 기회가 다양하지 못하다. 그들은 대부분 혼자 일하고 있다. 대화 상대가 있다고 해도 같은 일을 하는 BJ들 정도다. 이런 상황에서 나의 마인드를 컨트롤하며, 힘든 상황에서 자신의 경력 개발과 방송에 대한 창의력을 키우는 것이 말처럼 쉽겠는가?

요즘 1인 미디어의 인지도가 올라가면서 사회적인 영향력은 커지고 있는 데 반해, 가수나 연기자들보다 진입장벽이 낮아 누구나 시작할 수 있다는 장점이 오히려 정화되지 않은 날것의 방송이 나올 수 있다는 단점으로 작용하고 있다.

갈수록 높아지는 우려의 목소리에 대비해 유튜브나 아프리카 TV에서 자체적으로 심의를 거치고 있으나, 실시간으로 올라오는 방송을 모두 제어하는 것은 쉽지 않다. BJ, 유투버라는 직업에 대한 사회적 인식을 정립하고, 방송의 다양한 측면과 방법에 대한 교육이 이루어져야 할 때이다.

아프리카 TV에 대해서...

아프리카 TV의 연혁을 살펴보면, 1994년에 창립되어 PC 통신 나우누리를 운영하며 출발한 회사다. 2013년 3월에 나우콤에서 아프리카 TV로 사명을 변경하였다.

출처 : 위키백과

아프리카 TV의 의미는 'ANY FREE CASTING TV!'의 약자로 언제 어디서나 시간과 장소의 제약 없이 간편하게 실시간 라이브 방송을 할 수 있는 1인 미디어로 누구든 BJ가 되어 시청자와의 쌍방향 커뮤니케이션을 통해 자신의 재능을 자유롭게 표현할 수 있는 플랫폼이다. 방송의 주제는 토크/겜방, 먹방, 스포츠, 지상파/케이블, 게임, K-Pop, 애니메이션, 교육, 창업방 9가지로 구분되어 있다.

출처 : 아프리카 TV 홈페이지

유튜브(Youtube)

전 세계 네티즌들이 올리는 동영상 콘텐츠를 공유하는 웹사이트로, 2005년 2월에 페이팔(Paypal)의 직원이었던 채드 헐리(Chad Hurley), 스티브 첸(Steve Chen), 조드 카림(Jawed Karim)이 캘리포니아 산 브루노(San Bruno)에 유튜브 사를 설립하였다. 세 명의 창립 멤버는 친구들에게 파티 비디오를 배포하기 위해 "모두가 쉽게 비디오 영상을 공유할 수 있는 기술"을 생각해냈고 이것이 유튜브의 시초가 되었다.

2006년 10월 구글이 유튜브 사를 인수하였으며, 이후 2007년부터 국가별 현지화 서비스를 시작했는데, 한국어 서비스는 2008년 1월 시작되었다. 기준 54개 언어를 지원하는 다국어 서비스이며, 일부 서비스를 제외하고는 기본적으로 무료로 이용할 수 있다. 동영상이나 댓글로 서로 소통할 수 있으므로 소셜 미디어 서비스의 일종으로도 분류된다. 유튜브에 업로드하는 사용자의 대부분은 개인이지만, 방송국이나 비디오 호스팅 서비스들 또한 유튜브와 제휴하여 동영상을 업로드하고 있다.

출처 : 두산백과

BJ, 유투버는 감정노동(Emotional Labor)직인가?

09

감정노동이란 캘리포니아 주립대 사회학과 교수였던 앨리 러셀 혹실드(Arlie Russell Hochshild)가 최초로 사용한 용어로, "많은 사람의 눈에 보이는 얼굴표정이나 몸짓을 만들어내기 위하여 감정을 관리하는 일"이라고 정의된다. 그리고 상대를 위해 자신의 감정을 숨기는 것이 업무의 40% 이상이 되는 사람을 '감정노동자'라고 한다. 즉 현재 '나의 감정'을 억제하고 기쁨이나 행복 또는 웃음을 표현해야 하는 연예인은 특히 감정노동이 심한 직종이라고 할 수 있다.[2]

---

2) 감정노동, 앨리 러셀 혹실드, 이가람, 2009

BJ 채팅창의 악성 댓글?
연예인의 악성 댓글과는 어떻게 다를까?

우리는 미디어를 통해 종종 악성 댓글로 고통받는 연예인의 소식을 접한다. 정신적인 충격과 스트레스로 인한 불면증 등 다양한 신체적 반응을 호소하며, 심한 경우 공황장애나 불안장애와 같은 정신병리적 증상이 나타나기도 한다. 이에 따라 악성 댓글 게시자의 법적 처벌이 이루어지기도 한다. 하지만, 이렇게 심각한 연예인의 악성 댓글도 BJ보다는 낫다.

연예인은 본인이 스스로 댓글을 읽을 것인지 읽지 않을 것인지 결정할 수 있다. 하지만 BJ는 실시간으로 채팅창에 올라오는 댓글들을 견뎌야 한다. 스스로 감정을 소모(속으로 화가 치밀어도 참는다)하거나, 실시간 방송을 위해서 승화(유머나 재치로 넘긴다)시켜야 한다는 의미다. 이런 측면에서 BJ의 감정노동은 연예인보다 다소 강하다고 할 수 있겠다.

연예인의 경우, 대형 기획사가 생기면서 이미지 메이킹과 교육에 힘쓰고 있다. 그 결과, 전문직이라는 인식이 강해지면서 20년 전까지만 해도 직업의 선호도가 낮았던 연예인이 최근 초등학교에서 희망직업 1순위가 되었을 정도로 선망의 대상이 되었다.

마찬가지로 이제 시작된 BJ는 아직은 비전문직이라는 인식이 더 많은 것 같다. BJ의 사회적 인식이 긍정적으로 전환되기 위해서는 본인 스스로 자긍심을 가지고, 방송 주제를 발전시킬 수 있는 전문적인 교육 및 역량 개발이 무엇보다 필요하다.

Case 3

왜
먹방인가?

우리는 왜
먹방과 쿡방을 보는가?
10

우리는 왜 먹방과 쿡방을 보는가? 먹방은 1인 미디어가 활성화되는 데 가장 큰 역할을 했다고 해도 과언이 아니다. 창의적인 방송을 원하던 시청자의 니즈와 새로운 아이템을 찾던 방송계의 니즈가 서로 맞물려 먹방과 쿡방은 큰 히트를 쳤다. 아프리카TV에 나오는 개인 인터넷 방송 숫자는 실시간 평균 5,000개 정도인데, 이 가운데 10~15%를 먹방이 차지하고 있는 것으로 알려졌다.[3]

영국의 잡지 〈이코노미스트〉는 현재 한국에서 먹방이나 쿡방이 인기가 있는 이유에 대해 장기 경제 침체로 한국인들에게 널리 깔린 불안감과 불행 때문이라고 했다. 그런데 단순한 불안감과 불행 때문이라고 치부하

---

3) 출처 : 《주간조선》, 2241호, 2013년 1월 21일

기에는 이제 먹방과 쿡방은 컨셉도 다양하게 TV 프로
그램의 대부분을 차지할 정도로 열풍이다.

한국 사회는 지금까지 성공, 경제발전을 향해 쉼 없이
달려왔다. '사람의 능력을 평가할 때 그 사람이 사는 아
파트 평수, 연봉, 타는 차종으로 평가하지는 않는가?',
'앞에 가는 차에 경적을 울릴 때 차종과 관계없이 똑같
이 행동하는가?'의 질문에 답해보자. 우리는 이렇게 부
와 경제적인 능력에 초점을 두는 경향을 가지고 있다.

뭣이 중헌디?

그렇게 달려오다 보니 무엇인가가 허전한, 비어 있
다는 느낌을 받게 된다. 최근 유행하는 '뭣이 중헌디?'
라는 유행어가 그 느낌을 잘 반영하고 있다. 무엇을 위
해서 그렇게 바쁘고 지치도록 일했을까? 이 질문에 대
한 답으로 우리는 2000년대에 들어 '행복'을 외치기 시
작했다. 결국, 모든 일은 '내가 행복하기 위한 것'이고,
그로 인해 우리는 '행복'을 찾아야 한다고….

그러다 알게 된다. 행복은 더없이 추상적인 단어임
을…. 필자는 강의 도중 1,000여 명이 넘는 사람에게

'행복'이 무엇이냐고 물었다. 같은 답은 단 한 번도 듣지 못했다. 이것이 우리의 아이러니였음을 깨닫게 된 것이다. 각기 다른 행복을 외치고 있음에도 불구하고, 하나의 행복을 외치고 있는 것처럼 다 같은 행복을 추구하려고 했다. 다시 말해, 모든 사람에게 행복은 같지 않다. 모든 행복은 다 다르다.

그런데도, 일상에서 가장 행복했던 때의 사진을 골라보면 사랑하는 사람들과 함께 모여 맛있는 음식을 먹는 사진이 대부분이다. SNS에서 흔히 볼 수 있는 사진이 '오늘 뭐 먹었어'가 아닌가? 우리는 이제 무언지 모를 나의 감정을 채워야 한다는 것에 한 발 다가서게 되었고, 그중 하나가 '소소하게 누릴 수 있는 행복', 바로 먹는 것에 대한 행복이라는 것을 알아차리게 된 것이다. 이것이 필자가 '감정노동해결연구소'를 운영하면서 먹방에 대해 연구하게 된 계기다.

펜필드의
대뇌 감각지도!
11

　사람은 감정을 느낀다. 감정은 오감, 즉 감각을 감지함으로써 느끼는 것이다. 먹방과 쿡방이 대세인 또 다른 이유는 '펜필드의 대뇌 감각지도'에서 답을 찾을 수 있다. 이것은 쉽게 말하면, 사람이 느끼는 오감을 부위별로 느끼는 강도에 맞게 크기로 그려낸 것이다. 펜필드의 '피질 소인'은 뇌 속에 기묘한 모양을 한 작은 인간이 하나 들어 있다고 해석한다. 그 인간은 손과 혀의 크기가 가장 크게 묘사되어 있다. 인간이 느끼는 오감 중 혀의 느낌, 즉 먹는 일과 손으로 하는 모든 일이 대부분의 감각을 차지한다는 것이다.

　이것이 아프리카 TV의 먹방 프로그램이 히트한 이유를 알려주고 있다. 시청자는 자신이 알고 있는 맛의 음식을 먹는 BJ에게 자신의 의견을 손으로 쳐서 채팅창에 의사표현을 한다. 인간의 대부분의 감각을 차지하는 혀와 손을 만족하게 하니 이 프로그램에 열광하지 않을 수 있겠는가? 이것이 대중이 먹방과 쿡방을 선호 하는 이유 중 하나이다.

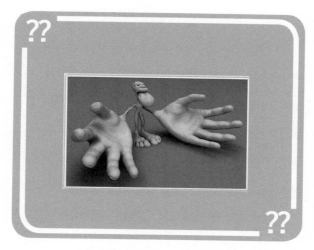

펜필드(Wilder G. Penfield) 피질 소인의 3차원 영상

인간은
감각을 통해 감정을 느낀다!

12

연예인은 20여 년 전만 해도 부정적인 인식의 직업에 속했다. 수입이 불규칙적이고 대중 앞에서 하는 춤, 노래, 연기, 코미디가 예전의 광대나 하던 일이라 취급하는 사람도 있었다. 당시 활동했던 연예인들의 행사 경험담 중 '던지는 물건에 맞았다.', '욕설을 했다.' 등의 에피소드를 통해서도 이를 느낄 수 있다.

하지만 지금은 어떠한가? 영화의 줄거리 전개상 나오는 정사 장면도 포르노가 아닌 연기로 본다. 연기나 코미디, 음악을 듣는 대중이 성장했다. 경제발전, 평균 학력의 상승, 사회적 인식 개선 등 다양한 원인에 의해 대중의 수준이 높아졌다.

10여 년 전 학회지에 쓰인 글 중 먹방을 '푸드 포르노'로 표현한 것을 본 적이 있다. '포르노'라는 단어가 주는 이미지와 같이 '푸드 포르노'도 부정적인 이미지로 정의한 것이며, 하위계층이 즐기는 하위문화로 분류했다. 이 글을 쓴 사람은 먹방을 단순히 '무식하게 많이 먹는 행위'로 치부했다. 먹방을 보는 사람도 의식 수준이 낮은 하위문화를 즐기는 계층으로 표현하고 있다. 위의 글에 쓰인 것이 맞다면, 우리는 지금 범국민적으로 하위계층의 문화에 열광하고 있는 셈이다.

먹방은 단순히 먹는 방송이 아니다!

먹방은 단순한 먹는 방송이 아니다. 인간의 감각인 미각, 촉각, 후각, 시각, 청각을 섬세하게 언어와 행동으로 표현하는 특화된 방송이다. 먹방에서 인기 있는 BJ들은 오감을 섬세하게 표현하거나 자극해 시청자가 간접경험을 할 수 있게 한다. 먹는 것에 대한 미각, 음식을 맛보기 전에 모양을 보는 시각, 시각에서 느껴지는 후각과 촉각, 입안에서 묘사되는 촉각의 표현, 먹는 소리의 청각 등 모든 오감이 표현되고 있다. 사람들은 단순히 먹는 것에 열광하고 있는 것이 아니다. 아름답게 먹는 것, 맛있게 먹는 것, 푸짐하게 먹는 것, 자극적으로 먹는 것 등 자신의 취향에 맞는 먹방을 보며 스트레스를 해소하고 있다.

이러한 방송에 대한 이해 없이 먹방을 준비하게 된다면 어떨까? 다른 BJ보다 내가 더 많이 먹어야 할 것 같고, 더 자극적으로 먹어야할 것 같고, 더 빨리 먹어야할 것만 같다. 그런 불안감에 나의 건강을 해치고, 직업으로 지속해갈 수 없는 다양한 문제점이 발생할 수 있다.

'푸드 포르노'의 의미

1984년 영국의 저널리스트 로잘린 카워드 (Rosalind Coward)가 《여성의 욕망(Female Desire)》 이란 책에서 처음 사용한 용어로, 시각적인 자극을 극대화한 음식 관련 콘텐츠를 말한다. 푸드 포르노는 음식의 맛에 집중하기보다 뚜렷한 색감과 과장된 분위기를 연출하는 등 시각적인 부분에 치중해 보는 사람의 식욕을 자극한다. 최근 유행하고 있는 먹방(먹는 방송), 쿡방(요리하는 방송)이 대표적인 푸드 포르노다.

출처 : 네이버 시사상식사전

성장하는 BJ, 유튜버가 되기 위해 스스로의 노력이 필요하다!

13

방송연예인을 대상으로 한 연구에서 또 다른 흥미로운 점이 있어 소개하겠다.

첫째, 연령이 높을수록, 방송연예인으로 종사한 경력이 길수록 감정노동을 많이 느낀다는 것이다. 이는 방송연예인 생활이 길어질수록 자신의 실제 감정을 숨기는 경우가 많으며 자신을 감추려는 속성이 드러난 것이라고 할 수 있다.

둘째, 경력이 오래될수록 감정노동, 직무 스트레스가 증가하지만, 직무만족도 역시 증가하는 경향을 볼 수 있었다. 오랜 시간 연예인 활동을 하면서 주변의 악조건이 있어도 자신의 직업에 만족을 느끼는 경우가 많았다고 볼 수 있다.[4]

---

4) 한국콘텐츠학회논문지 제12호 발췌, 2012년 12월

위의 연구결과를 토대로 살펴보면, 연예인으로 적응하기에 힘든 부분이 있으나 일단 적응하고 경력이 쌓이면 직업적인 만족도가 점점 올라간다는 것을 유추해볼 수 있다.

BJ나 유투버도 마찬가지다. 시작은 누구나 할 수 있으나, 직업적으로 안정화되기 전까지 과도기를 현명하게 준비할 필요가 있다. 시행착오를 줄이면서 갈 수 있는 대안으로 지금부터 이 책과 함께 방송을 준비해보자.

BJ

Broadcasting Jockey

Part 2

1인 미디어 방송, 나도 시작해볼까?

BJ,
유튜버로
입문하기

BJ, 유투버로 입문하기!

14

BJ로 입문하기 위해서 먼저, 자신이 1인 방송을 시작할 플랫폼을 정한다. 이 책에서는 아프리카 TV와 유튜브를 중심으로 설명하겠다.

아프리카 TV와 유튜브에 가입할까?

아프리카 TV 홈페이지(www. afreecatv.com)에서 회원가입을 누르고 가입을 신청한다. 회원가입은 일반 회원 가입, 만 14세 미만 회원 가입, 해외 외국인 회원 가입으로 나뉜다. 다만, BJ와 일반 회원과의 구분은 없어 한 번의 가입으로 시청자와 BJ 모두 활동 가능하다.

유튜브(www.youtube.com)는 구글 아이디로 로그인 해 간단히 접속할 수 있다. 만약 구글에 계정이 없다면, 구글에 회원가입 후 로그인해 이용할 수 있다.

구글 회원가입 페이지

내 방송국을 꾸며보자!

이제부터는 가입 후 나오는 나의 방송국을 살펴보자.
먼저, 아프리카 TV는 내 방송국으로 가면 나만의 방
송국 페이지가 나온다. BJ명, 내 방송국의 설명, 사진,
프로필 등을 방송국 페이지에서 꾸밀 수 있다. BJ와 시
청자의 아이디 구분이 없으므로 시청자로 활동하고자
한다면 방송 페이지는 꾸미지 않아도 된다. 하지만 BJ
나 유투버로 활동을 원한다면 방송 페이지를 꾸며보
자. 현재 필자가 활동 중인 BJ 감정연구소의 방송 페이
지를 참고하기 바란다. 다른 잘나가는 BJ의 페이지를
참고해도 좋다.

BJ 감정연구소의 내 방송국 화면

유튜브는 크리에이터 스튜디오로 가면 방송국을
만들 수 있다. 그런데 주의할 점이 있다. 스튜디오의
'채널'의 '수익창출' 항목을 눌러 애드센스 계정과 연결
해야지만 내가 업로드한 동영상의 광고수익을 받을 수
있다. 애드센스 계정 연결은 검색창에 많은 블로거의
친절한 안내가 있으니 참고하길 바란다. 내용이 길어
이 책에서는 생략하도록 하겠다.

유튜브나 아프리카 TV 모두 BJ명, 유투버명을 기재
해야 한다. 이름은 굉장히 중요하다. 앞에서 BJ나 유투
버는 연예인과 같다고 설명했다. 이름으로 나를 알려
야 하는 직업이다. 대중적이면서 기억하기 쉽고, 나의
컨셉의 포인트를 알려주는 이름으로 정해야 한다. 이
름에 대해서는 이 책의 방송 컨셉 잡는 부분을 참고해
서 신중하게 결정하도록 하자.

필요한 장비를 갖추자!

1인 미디어 방송을 위해서는 필요한 장비가 있다. 노
트북의 카메라와 휴대폰의 이어폰을 사용해 방송하는
경우도 있으나, 전문 BJ나 유투버로 활동하기 위해서

는 화질이나 음질도 고려해야 한다. 웹캠이나 스피커, 사양이 높은 PC 등 필요한 장비를 구비한다. 장비는 활동하면서 수입이 발생하면 업데이트가 가능하니, 처음부터 무리하지 않는 것이 좋다. 유튜브에서 초창기 BJ 활동 영상을 보면, 최근 것보다는 화질이 낮은 것이 대부분이다. 그렇게 시청자에게 받은 별풍선은 우리의 캠과 PC 사양을 업그레이드해줄 수 있다.

아프리카 TV의 경우, 장비 및 필요한 설정이 홈페이지의 '방송지원센터'에 자세히 안내되어 있다. 특히, '초간단 방송하기'를 클릭하면 대부분의 궁금증은 해소될 수 있다. 참고로 필자는 BJ가 가장 많이 사용한다는 로지텍 웹캠을 구입했으며, 화질이나 음질 모두 만족한다. 내가 장비에 대해서 자신이 없는 경우에는 많은 사람이 사용하는 것을 이용하는 것이 안전한 방법일 수 있다. 더 저렴하고 기능성 좋은 웹캠과 장비들도 많이 있으니 검색을 통해 자세히 알아보고 구매하도록 하자.

또한, 장비에 따라 방송할 때 별도 프로그램을 사용해야 하는 경우가 있다. 로지텍 웹캠은 'Logitech Webcam Software'를 사용해야 하니, 장비에 따른 프로그램도 잘 알아보고 시작하도록 하자!

드디어 방송 시작이다!
나의 방송 주제는?

15

자! 이제 1인 방송을 하기 위한 환경적인 준비를 모두 마쳤다.

이제 나는 어떤 주제로 방송을 시작하면 좋을까? 나에게 무엇보다 맞는 주제를 선택해야 한다. 명언 중에 이런 말이 있다. 천재는 노력하는 사람을 이길 수 없고, 노력하는 사람은 즐기는 자를 이길 수 없다. 내가 방송하려는 주제에 대해 천재적인 소질을 보유하고 있든가, 아니면 다른 어떤 사람보다도 즐길 수 있는 주제여야 한다. 이 책에서 강조하고 싶은 것은 몇몇 인기 BJ를 제외하고 BJ의 직업 수명이 그리 길지 못하다는 것이다. 내가 흥미를 느끼고 있는 분야가 아니라면, 조금만 힘들어져도 바로 그만두고 싶어질 수 있다. 주제를 잘 선택해야만 장시간 나의 직업으로 끌고 갈 수 있는 인내심을 발휘할 수 있을 것이다.

재능? 혹은 재미?

그렇다면, 이제 두 가지만 생각하면 된다.

내가 잘할 수 있는 것과 내가 즐길 수 있는 것이다. 보통 사람은 내가 잘하는 것을 좋아한다. 왜냐하면, 잘하는 것은 다른 사람보다 성취하는 데 더 적은 노력만으로도 가능하기 때문이다. 하지만 내가 잘하는 것을 내가 모르고 있을 수도 있다. 자! 그럼, 내가 잘하는 것을 나는 잘 알고 있는지 적성검사를 통해 알아보자.

직업적성검사 진단지[5]

BJ나 유투버는 직업이다. 나의 직업적인 적성을 검사하기 위해 워크넷의 직업적성검사를 소개한다. 이는 직업적으로 나에게 필요한 능력을 언어력, 수리력, 추리력, 공간지각력, 사물지각력, 상황판단력, 기계능력, 집중력, 색채지각력, 사고유창성, 협응능력 11개의 항

---

5) 참조 : 워크넷 사이트(http://www.work.go.kr)의 직업심리검사

목으로 나누어 검사를 진행한다. 또한, 11개 항목의 수
치를 토대로 나에게 적합한 직업을 제시해준다. 여기
에서는 제시해준 직업이 중요한 것이 아니라, 나의 어
떤 항목의 수치가 높은지를 반영해 BJ나 유투버로서의
주제나 컨셉을 선정하는 데 참고하고자 한다.

워크넷(www.work.go.kr)에 접속해 회원가입을 해야
한다. 적성검사는 로그인해야 하므로 회원가입을 하지
않으면 검사가 불가능하다. 회원가입을 해두면 지금
시행한 적성검사의 결과를 언제든 원할 때 다시 볼 수
있어 편리한 점이 있다. 다음의 순서대로 접속하면 적
성검사가 나오니 참고하자.

> 직업정보 · 심리검사 궁금하세요? ⇨ 직업심리검사 ⇨
> 직업심리검사 실시 ⇨ 성인대상 심리검사 ⇨
> 성인용 직업적성검사

위의 순서와 같이 접속하면, '워크넷의 직업심리검
사'의 화면이 나온다. 정확한 측정을 위해 '성인용 직업

적성검사'를 추천한다. 시간이 90분 소요되며, 지필 검사를 동반하기 때문에 프린터 장치가 필요하다. 시간이나 프린터 장치가 여의치 않으면 좀 더 간단한 적성검사를 진행해도 무방하다. 하지만 가능하다면 '성인용 직업적성검사'를 하도록 권하고 싶다. 11개의 다양한 항목으로 나를 보다 객관적으로 바라볼 기회이니 시간을 아끼지 말자!

워크넷의 직업심리검사

11개 항목의 적성검사 결과는 '적성점수 기준'에 따라 최상, 상, 중상, 중하, 하, 최하 6개의 수준으로 나뉜다. 직업으로 추천하는 것은 11개의 항목 중 가장 높은 점수를 얻은 3~4개의 항목으로 결정된다. 점수가 높고 낮음과 관계없이 나는 11개 항목 중 어떤 항목에서 가장 높은 능력을 보이는가에 초점을 맞추어보도록 하자. 적성검사와 관련해 더 자세한 내용은 워크넷을 참고하기 바란다.

적성검사	수준	내용
120점 이상	최상	당신의 능력은 상위 10% 이내에 속합니다.
112~119점	상	당신의 능력은 상위 11%에서 20% 사이에 속합니다.
100~111점	중상	당신의 능력은 상위 21%에서 50% 사이에 속합니다.
88~99점	중하	당신의 능력은 하위 21%에서 49% 사이에 속합니다.
81~87점	하	당신의 능력은 하위 11%에서 20% 사이에 속합니다.
80점 이하	최하	당신의 능력은 하위 10% 이내에 속합니다.

결과해석 적성점수 기준

적성검사 결과로
방송 주제 정하기!
16

이쯤에서 이런 질문이 나올 수 있겠다.

'적성검사 결과로 나오는 추천 직업은 BJ나 유투버와는 다른 직업 아닌가요?'

예를 들어, 강사가 여러 명이 있다고 하자. 모두 각각의 주제로 강의한다. A 강사는 사람의 감정에 대한 코치 방법에 대해 강의하고, B 강사는 빅데이터 분석 방법을 강의한다. A 강사와 B 강사는 같은 직업일까? 누군가를 대상으로 강의하는 것은 같다. 하지만 무엇을 강의하는지 주제는 전혀 다르다. 더 쉽게 말하면, 직업은 A, B 모두 강사지만 강의하는 주제가 다른 것이다.

BJ나 유투버도 마찬가지다. BJ, 유투버는 직업에 대한 정의, 즉 직업군으로 나뉠 때의 기준이다. 물론 하나의 직업 분류로 정착하는 데는 시일이 좀 더 걸리겠지만, 이들은 엄연한 직업이다. 하지만 모두 같은 일을 하고 있는가? 누군가는 밤새 시청자와 담소를 나누는 톡방 BJ다. 누군가는 밤새 음식에 관해 이야기를 나누는 먹방 BJ이며, 누군가는 밤새 시청자와 게임을 하는 겜방 BJ다. 이렇게 같은 BJ이지만 하는 일이 다르다. 주제를 선정한다는 것은 내가 어떤 일을 하며 방송을 할 것인가에 대해 구체적인 계획을 세우는 일이다.

나의 적성검사 결과는?

적성검사의 결과는 최고점수를 3~4개 정도 조합해 그 능력치를 요구하는 직업을 예시로 보여준다. 참고의 의미이지, 꼭 그 직업에 종사하는 것이 좋다는 의미가 아님을 명심하자.

필자의 적성검사 결과로 예를 들어보겠다. 최적합 직업군으로 물리/화학/생물 전문가, 조종 관련 직업, 측량 및 토목 기술자가 나왔다. 대체로 측정하고 분석하며 집중력이 있어야 하는 직업이다. 또 적합 직업군으로는 기자 및 작가, 인터넷 관련 전문가, 컴퓨터 프로그래머 및 시스템엔지니어가 나왔다. 사고유창성과 언어력, 추리력을 기반으로 하는 인터넷 관련 직업이 주를 이루고 있다.

지금 쓰고 있는 이 책에는 정량적 평가에서 측정 및 분석이 나오고(수리력, 추리력), 한편으로 나는 1인 미디어를 위한 최초의 분석적인 입문서를 집필 중이다(언어력, 사고유창성). 이 정도면 필자의 능력 중 상위에 속하는 능력치를 발휘 중이라고 해도 괜찮을 것 같다.

이제 독자 여러분의 적성검사 결과를 살펴보도록 하자. 적성검사 결과를 보면 아마 여러분도 공감할 수 있을 것이다. 앞에서 내가 잘하는 것은 내가 좋아하는 것과 중복될 수 있음을 설명했다. 나의 적성검사 결과 중 최고점수를 받은 4~5개 정도의 항목을 표시해보자. 점검한 항목으로 아프리카 TV의 9가지 주제(토크/캠방, 먹방, 스포츠, 지상파/케이블, 게임, K-Pop, 애니메이션, 교육, 창업방) 중 어느 주제가 나에게 적합할지 선택해보자.

직업적성검사 결과 사례를 가지고 방송 주제를 선정해보자.

A는 언어력, 추리력, 사물지각력, 상황판단력이 가장 높게 나왔다. 해당하는 추천 주제 중에서 공통으로 기재되어 있는 주제를 고른다. 그러면 스포츠나 게임

방송을 주제로 선정할 수 있다. 둘 중 어떤 것을 할 것인 가의 최종 선택은 '좋아하는 것'으로 정하면 더 좋을 것 이다.

직업적성검사 항목 및 추천 주제

적성 요인	하위 검사	추천 주제
언어력	어휘력 검사	토크/캠방, 먹방, 스포츠, 게임, 교육, 창업방
	문장독해력 검사	
수리력	계산력 검사	스포츠, 게임, 지상파/케이블, K-Pop, 애니 메이션, 교육, 창업방
	자료해석력 검사	
추리력	수열추리 1, 2 검사	스포츠, 게임, 교육, 창업방(관련 주제)
	도형추리 검사	
사물 지각력	지각속도 검사	스포츠, 게임, 애니메이션
상황 판단력	상황판단력 검사	토크/캠방, 먹방, 스포츠, 게임, 교육, 창업방
기계 능력	기계능력 검사	지상파/케이블, 게임, K-Pop, 애니메이션, 교육, 창업방(관련 주제)
집중력	집중력 검사	토크/캠방, 스포츠, 게임
색채 지각력	색혼합 검사	먹방, 애니메이션, 교육, 창업방(관련 주제)
사고 유창력	사고유창력 검사	토크/캠방, 먹방, 게임, 교육, 창업방
협응 능력	기호쓰기 검사	모든 협응방송, 게임
공간 지각력	조각맞추기 검사	스포츠, 지상파/케이블, 게임, K-Pop, 애니 메이션, 교육, 창업방(관련 주제)
	그림맞추기 검사	

B는 색채지각력, 언어력, 사고유창력이 높게 나왔다. 먹방, 교육, 창업방이 공통 주제다. 그렇다면 이 세 가지 주제 중 내가 좋아하는 것을 선택하는 것이다.

만약에 A와 B 모두 좋아하는 것이 음식이라고 한다면, A는 '음식 관련 게임'으로 주제를 선정할 수 있고, B는 먹방이나 음식 관련 교육, 요식업을 위한 창업방을 만들 수도 있다. 이것이 내가 잘하는 것과 좋아하는 것으로 주제를 선정하는 방법이다.

Case 5

1인 미디어,
컨셉이란
무엇인가?

컨셉이
뭐야?

17

어떤 주제를 선택했든 주제 선정 이후에는 방송 컨셉을 잡아야 한다. 사전적 표기로는 콘셉트(Concept)가 맞는 표현이다. 하지만 일상생활에서 콘셉트라고 말하기보다는 컨셉으로 말하는 사례가 더 많아 이 책에서는 컨셉이라고 표기한다. 톰 모나한(Tom Monahan)은 그의 저서《다르게 생각하라(Think Different)》에서 예술적인 재능은 대부분 타고나는 것이지만 창의적으로 생각할 수 있는 능력은 누구에게나 존재한다고 했다. 지금이 바로 내게 있는 창의성을 끌어내야 하는 타이밍이다.

컨셉은 어떤 작품이나 제품, 공연, 행사 따위에서 드러내려고 하는 주된 생각, 개념으로 통칭한다. 컨셉이라는 말이 어렵다면, 좀 더 좁은 의미로 BJ의 캐릭터를 잡는 것이라고 보면 된다. 앞서 언급한 BJ 5명을 모두 먹방 BJ로 선택한 것은 각각의 컨셉을 비교해보자는 의미였다. 같은 먹방을 하고 있지만 5명의 컨셉은 모두 다르다. '무한도전'에 같이 출연하고 있지만 유재석, 박명수, 하하, 정준하, 황광희, 정형돈의 캐릭터가 모두 다른 것을 예로 들면 이해가 더 빠를 수 있을 것 같다.

주로 드라마나 영화에서 캐릭터를 표현할 때 사용하는 것으로 컨셉은 '외면 컨셉'과 '내면 컨셉'으로 나뉠 수 있다.[6] 외면 컨셉은 캐릭터의 '신체 비율', '얼굴 형태' 등의 외적인 특징을 말한다. 흔히 비주얼이라는 표현도 사용한다. 외면 컨셉은 내가 꾸밀 수도 있지만, 부모님이 주신 것이라 바꾸기 힘든 부분이 있다. '무한도전'에서 박명수의 외면 컨셉은 다른 멤버들에 비해 강한 편이다.

반면, 내면 컨셉은 '캐릭터의 성격 유형'에 대한 것을 의미한다. 컨셉을 정할 때는 나와 비슷한, 내가 따라 하기 쉬운 성격의 캐릭터로 정하는 것이 다양한 측면에서

---

6) 출처 : 디지털 애니메이션의 몰입감 분석 연구 ― 콘셉트와 스토리의 복합적 분석을 중심으로 ―, 전남대학교, 김기범, 김경수, 2016

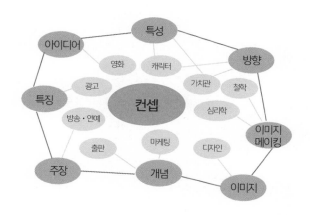

수월할 수 있다. '무한도전'의 멤버들은 제각각 자신의 성격과 비슷한 유형의 컨셉을 잡아 활동하고 있다. 특히, 박명수의 버럭 하는 컨셉은 성격과도 잘 맞아 떨어지는 부분이 있어 다른 멤버들의 감탄을 자아내기도 한다.

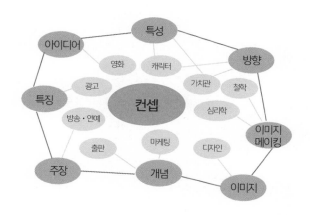

컨셉(Concept)의 정의

나의 컨셉은 Unique 한가?

보통 BJ로 입문할 때 주제 선정에는 힘을 쏟으면서 컨셉 선정에는 소홀한 경향을 보인다. 다시 말해, '먹방을 할 것인가? 톡방을 할 것인가?'는 고민하면서 '어떻게 먹방을 할 것인가'에 대해서는 고민을 많이 하지 않는 경향이 있다는 것이다.

이것은 컨셉의 무지함에서 오는 것이기도 하지만, 매우 위험한 일이다. 컨셉를 정하지 않으면, 결국 다른 BJ가 하는 행동을 모방하거나 답습하는 형태로 방송을 진행하게 된다. 그러다 보면 경쟁 BJ보다 더 많이 먹어야 할 것 같고, 더 자극적이어야 할 것 같은 잘못된 경쟁심이 유발되기 마련이다. 자신만의 'Unique한(유일무이한, 독특한)' 그 무엇이 필요하다는 것을 컨셉이 아닌 엽기 방송을 통해 끌어가게 되는 것이다.

콘셉트 (Concept)

??

어떤 작품이나 제품, 공연, 행사 따위에서 드러내려고 하는 주된 생각. '개념'으로 순화.

국어사전의 표기는 '콘셉트'가 맞으나, 이 책에서는 편의상 '컨셉'으로 표기함.

??

내면 컨셉?
외면 컨셉?

18

유명한 강사가 이런 말을 했다.

"강의료가 비싸다고 생각하는 사람이 있을지 모르겠으나, 강사는 1시간의 강의를 위해서 365일 언제나 강의할 주제와 외모가 준비되어 있어야 한다. 이것이 비싼 강의료를 받는 강사로서의 의무다."

강의를 시작하면서 처음에는 이것이 무슨 말인지 이해하지 못했다. 기업강의를 나가면서 계속해서 공부하고 연구해야 하는 직업임을 알게 된 지금은 이해되는 이야기다.

위의 말에서 강의할 주제는 '내면 컨셉'이고, 외모는 '외면 컨셉'이다. 즉, 강의료에는 나의 컨셉을 개발하는 과정이 포함되어 있으므로 강의하는 시간만 노동력으로 생각하면 안 된다는 것이다.

BJ도 마찬가지이다. '방송할 때만 별풍선을 받고, 놀고먹는 직업이다'라고 생각하고 시작하면 큰코다칠 수 있다. 이런 생각을 하고 있다면, BJ에 대한 이해가 무지한 상태나 다름없다. 다시 말하지만, BJ는 창의적인 직업이다. 먹방의 컨셉을 잡기 위해 방송하지 않는 모든 시간을 먹방을 준비하는 데 소비한다. 컨셉을 모르는 상태에서 접근하면, 시간을 소비하는 노력이 '단순한 메뉴 정하기'라고 생각할 수 있다. 다시 말하지만, 컨셉은 캐릭터를 정하는 것이다.

독특한 나만의 컨셉은?

1인 미디어 시장에서 가장 중요한 것은 'Unique(유일무이한, 독특한)' 해야 한다는 것이다. 그저 남의 것을 답습하는 형태로는 오래 살아남기 힘들다.《나이키의 상대는 닌텐도다》라는 책 제목에서도 볼 수 있듯이 나이키는 동종 업계를 경쟁 상대로 생각하지 않는 것으로 유명하다. 동종 업계를 경쟁 상대로 생각하게 되면, 잘되어봤자 동종 업계의 수준밖에는 안 된다. 그 이상을 원하는 나이키는 다른 업계에서 새로운 아이디어를 찾아 그것을 발전시키는 데 주력한다. 이것이 나이키가 동종 업계와 다른 방향으로, 즉 창의력 있는 경영을 할 수 있는 강력한 주축이 되었다.

마찬가지로 먹방 BJ의 경쟁 상대는 다른 BJ가 되어서는 안 된다. 컨셉을 정할 때 반드시 응용하라고 추천하고 싶은 것이 성격검사다. 성격 심리학의 연구에서 성격은 선천적으로 타고나는 성향이 강한 것으로 나타났다. 방송에 맞는 나의 캐릭터를 잡기 전에 나를 이해하는 과정에서 내 성격에 대한 이해가 필요하다. 성격검사 도구는 다양하다. 그중 가장 보편화된 것은 DISC, MBTI, 에니어그램이다. 이 책에서는 에니어그램을 통한 성격 진단을 하겠다.

성격 진단을 통해 '나는 나의 성향에 대해서 잘 알고 있는가?', '내가 모르는 나의 다른 이면은 없는가?'에 대해 다시 한 번 생각해볼 수 있는 계기가 되었으면 한다.

나의
성격 진단!
19

왜 에니어그램 [Enneagram]인가?

나에게 가장 잘 맞는 컨셉은 바로 내가 좋아하는 것을 정하면 유리하다고 했다. 그렇다면, 내가 좋아하는 것은 뭘까? 보통 내가 좋아하는 것은 내가 잘 안다고 생각한다. 하지만 나이가 들면서 가끔 이런 생각을 할 때가 있다. '나도 이런 것을 좋아했구나! 나도 이런 걸 잘하는구나!' 나도 알지 못하는 나에 대해 여기서는 성격 진단지를 통해 알아보자.

성격 진단지로 에니어그램을 선택한 이유가 있다. DISC나 MBTI는 성격측정이 끝남과 동시에 나의 성격이 정해져 나온다. 이런 유형의 진단지는 '당신의 성격은 이렇습니다.'라고 확정 지어 전달하는 경향이 있다. 하지만 에니어그램은 성격을 9가지 유형으로 나누고 각각의 성격 유형이 성장하거나 퇴행한다고 가정한다.

예를 들어, 성격 유형의 양쪽 옆 번호를 날개라고 한다. 2번 유형의 성격은 2번 양쪽 옆의 번호인 1번과 3번 날개를 가지고 있어 성장의 정도에 따라 1번과 3번 유형의 성향이 나타날 수 있다. 또한, 각각의 번호에 따라 성장 방향과 퇴행 방향을 가지고 있어 마음이 건강할 때와 건강하지 못할 때 다른 성향을 나타낼 수 있음을 강조한다. 그래서 인생은 수련의 과정이고 본인의 성격을 알고 건강한 방향으로 성장할 것을 권고하고 있다.

내 안에 또 다른 내가 있다는 느낌을 받아본 적이 있는가? 화가 날 때와 슬플 때, 혹은 기분이 좋을 때 우리는 제각각의 반응을 나타낸다. BJ나 유투버로서 컨셉을 정하면서 자신에 대해 더 정확하게 알고, 자신이 성장하는 방향으로 노력할 수 있었으면 하는 바람에서 에니어그램을 통한 성격 진단을 해보도록 추천한다.

이 책에서는 돈 리처드 리소, 러스 허드슨의 《에니어그램의 지혜》(한문화, 2015)에 소개된 보다 간단한 리소-허드슨 테스트로 진단하겠다. 간단한 진단지이지만, 꽤 정확성이 있으므로 신뢰해도 좋다. 다만 자신의 성격에 대해 더 상세하게 진단하고 싶다면, 에니어그램 협회를 통한 진단지 교육과정을 참고하자.

리소-허드슨 테스트[7]

이 테스트에서 정확한 결과를 얻으려면 다음의 지시 사항을 따라야 한다.

1. 다음에 나오는 두 그룹의 진술에서 평소 당신의 태도와 행동을 가장 잘 반영한다고 여겨지는 진술을 하나씩 골라라.

2. 당신이 선택한 진술 안에 있는 모든 말과 문장에 완전히 동의해야 하는 것은 아니다. 그 진술의 80%나 90% 정도를 동의하면 한 그룹에서 한 개를 골라라. 그러나 당신이 선택한 진술의 전반적인 경향과 '철학'은 동의해야 한다. 내용 중에 일부분은 동의할 수 없는 경우도 있다. 한마디의 말이나 구절 때문에 그 진술을 선택하는 것을 거부하지 말라. 그 진술의 전체적인 내용에 유의하라.

7) 출처 : 에니어그램의 지혜, 돈 리처드 리소, 러스 허드슨, 한문화, 2015

3. 당신의 선택을 지나치게 많이 분석하지 말라. 100% 동의할 수 없어도 당신의 직관이 옳다고 판단 내리는 것을 선택해라. 부분적인 요소보다는 그 진술의 전체적인 주제와 느낌이 더 중요하다. 직관을 따라라.

4. 한 그룹에서 당신에게 가장 잘 맞는 진술이 무엇인지 결정할 수 없다면 두 개를 선택할 수도 있다. 그러나 반드시 한 그룹에서만 두 개를 선택해야 한다. 예를 들어 그룹 I 에서 C, 그룹 II 에서 X와 Y를 선택하는 식이다.

5. 각각의 문장을 읽고 나와 맞다고 생각하는 문장의 선택란에 동그라미를 그려 넣어라. 동그라미가 가장 많은 유형이 나의 유형 문자가 되는 것이다.

6. 당신이 선택한 문자를 빈칸에 써넣어라.

유형	내용	선택
A	나는 독립적인 편이고 자기주장을 잘한다.	
	나는 상황에 정면으로 맞설 때 삶이 잘 풀린다고 느낀다.	
	나는 목표를 설정하고 그 일을 추진해나간다. 그리고 그것이 성취되기를 원한다.	
	나는 가만히 앉아 있는 것을 좋아하지 않는다.	
	나는 큰일을 성취하고 영향력을 행사하기를 원한다.	
	나는 정면 대결을 원하지는 않지만, 사람들이 나를 통제하는 것도 좋아하지 않는다.	
	대개의 경우 나는 내가 원하는 것을 잘 알고 있다.	
	나는 일도 노는 것도 열심히 한다.	
B	나는 조용하게 혼자 있는 것을 좋아한다.	
	나는 사회적인 활동에 주의를 쏟지 않으며 대체로 내 의견을 강하게 주장하지 않는다.	
	나는 앞에 나서거나 다른 사람과 경쟁하는 것을 그리 좋아하지 않는다.	
	사람들은 나를 몽상가라고 말한다.	
	내 상상의 세계 안에서는 많은 흥미로운 일들이 벌어진다.	
	나는 적극적이고 활동적이라기보다는 조용한 성격이다.	
C	나는 아주 책임감이 강하고 헌신적이다.	
	나는 내 의무를 다하지 못할 때 아주 기분이 나쁘다.	
	나는 사람들이 필요할 때 그들을 위해 내가 그 자리에 있다는 것을 알아주었으면 좋겠다.	
	나는 그들을 위해 최선을 다할 것이다.	
	이따금 나는 사람들이 나를 알아주든 알아주지 않든 그들을 위해 큰 희생을 한다.	
	나는 나 자신을 제대로 돌보지 않는다.	
	나는 해야 할 일을 한 다음에 시간이 나면 휴식을 취하거나 내가 원하는 일을 한다.	

에니어그램 진단지 그룹 II

유형	내용	선택
X	나는 대개 긍정적인 자세로 생활하며, 모든 일이 나에게 유리한 쪽으로 풀린다고 느낀다.	
	나는 나의 열정을 쏟을 수 있는 여러 가지 방법들을 찾는다.	
	나는 사람들과 함께하고 사람들이 행복해지도록 돕는 것을 좋아한다.	
	나는 나와 마찬가지로 다른 사람들도 잘 지내기를 바란다.	
	항상 기분이 좋은 것은 아니다. 그러나 나는 다른 사람에게 그렇게 보이기를 원한다.	
	나는 다른 사람들에게 항상 긍정적으로 보이고자 노력하기 때문에 때로는 나 자신의 문제를 다루는 것을 미루기도 한다.	
Y	나는 대부분의 상황에 대해 강한 감정을 갖는다.	
	대부분의 사람들은 내가 모든 것에 대해 불만을 갖고 있다고 생각한다.	
	나는 사람들 앞에서 내 감정을 억제하지만, 남들이 생각하는 것보다 더 민감하다.	
	나는 사람들과 함께 있을 때 그들이 어떤 사람인지, 무엇을 기대할 수 있는지를 알기 원한다.	
	어떤 일에 내가 화가 났을 때 나는 사람들이 그것에 대해 반응하고 나만큼 그 일을 해결하려고 노력해주기를 원한다.	
	나는 규칙을 알고 있다.	
	사람들이 내게 무엇을 하라고 지시하는 것을 좋아하지 않는다.	
	나는 나 스스로 결정하기를 원한다.	
Z	나는 스스로를 잘 통제하고 논리적이다.	
	나는 느낌을 다루는 것을 편안해하지 않는다.	
	나는 효율적이고 완벽하게 일을 처리하며 혼자 일하는 것을 좋아한다.	
	문제나 개인적인 갈등이 있을 때 나는 그 상황에 끼어들지 않도록 한다.	
	어떤 사람들은 내가 너무 차고 초연하다고 말하지만, 감정 때문에 중요한 일을 그르치고 싶지 않다.	
	나는 사람들이 나를 화나게 할 때 대부분의 경우 반응을 보이지 않는다.	

결과해석

두 그룹에서 당신이 선택한 두 개의 문자를 결합하라. 예를 들어, 그룹 Ⅰ에서 진술 C를 선택하고 그룹 Ⅱ에서 Y를 선택했다면 CY가 이 둘을 결합한 문자가 된다.

그리고 두 개의 문자가 나온 그룹을 전체적으로 다시 읽어보라. 전체적인 분위기가 나와 더 잘 맞다고 생각하는 문자를 선택하면 된다.

나의 성격 유형은?

[진단결과] 내가 선택한 문자를 아래 빈칸에 적어보자.

당신의 성격 유형 문자를 모두 기재했는가?

그렇다면, 다음 장의 표를 보고 테스트 결과 당신이 속한 성격 유형이 무엇인지 살펴보자.

성격 유형의 이름과 주요 특성

결합 문자	성격 유형	성격 유형의 이름과 주요 특성
AX	7	열정적인 사람 : 쾌활함, 충동적, 성취 지향적
AY	8	도전하는 사람 : 자신감, 결단력, 남을 지배하려 함
AZ	3	성취하는 사람 : 적응을 잘함, 야망이 있음, 자신의 이미지 를 중시함
BX	9	평화주의자 : 수용적, 다른 사람을 편안하게 해줌, 스스로 만족함
BY	4	개인주의자 : 직관적, 심미적, 자신 안으로 빠져들게 됨
BZ	5	탐구자 : 지각능력이 뛰어남, 혁신적, 남들과 떨어져 있음
CX	2	돕는 사람 : 남들을 잘 보살핌, 너그러움, 소유욕이 강함
CY	6	충실한 사람 : 붙임성이 있음, 책임감이 강함, 방어적
CZ	1	개혁자 : 이성적, 원칙적, 자기관리에 철저함

에니어그램의 지혜, 돈 리처드 리소·러스 허드슨, 한문화, 2015

에니어그램 [Enneagram]이란?

사람들이 느끼고 생각하고 행동하는 유형을 9가지로 분류할 수 있으며 이 중 하나의 유형을 타고난다고 설명하는 행동과학이다. '에니어그램(Enneagram)'이란 말은 그리스어의 '아홉(ennea)'이란 단어와 '모형(gram)'이란 단어의 조합이며, 기원전 2500년경부터 중앙아시아에서 유래한 고대의 지혜로 알려져 있다. 러시아계 정신지도자 구르지예프에 의해 서구사회로 전파되었다. 에니어그램에는 9가지 유형이 있고 각각 독특한 사고방식, 감정, 행동을 표현하며, 서로 다른 발달행로와 연결된다.

HRD 용어사전, 2010. 9. 6

내 성격에 맞는
컨셉을 찾아볼까?
20

가슴 유형 - 머리 유형 - 장 유형

에니어그램은 1번부터 9번까지 9개의 성격 유형으로 나뉜다. 각각은 성격의 장단점을 가지고 있다. 일단 가슴 유형, 머리 유형, 장 유형으로 나누어 각 성향의 큰 특징만 짚어보면 다음과 같다.

2번, 3번, 4번은 감정 중심의 가슴 유형으로 타인과의 감정적 연결에 민감하게 반응한다. 가슴 유형은 다음의 〈에니어그램-힘의 중심〉 그림과 같이 근본 감정이 슬픔이며, 초점이 과거에 가 있다. 그래서 과거의 슬픈 감정에 관해 이야기하는 성향이 있다. 건강한 심리 상태일 경우, 복슬 강아지와 같은 따뜻한 성향이다. 하지만 건강하지 못한 심리 상태일 경우에는 고양이처럼 할퀴는 성향도 함께 가지고 있다.

5번, 6번, 7번은 사고 중심의 머리 유형으로 이성적 사고를 주로 한다. 근본 감정은 두려움이고, 초점은 미래에 가 있다. 이 때문에 머리 유형은 미래에 대한 두려움으로 항상 분석하고 정보를 입수하려고 하는 경향이 있다. 계획적인 성향이 강하다.

8번, 9번, 1번은 본능 중심의 장 유형으로 일단 움직이고 보는 성향이 있다. 장 유형은 근본 감정이 분노이고 초점이 현재에 있다. 화가 나면 화를 그 자리에서 내고 보는 스타일이며, 몸을 움직이는 성향으로 몸집이 큰 경우가 많다.

에니어그램-힘의 중심

내 성격이 어느 유형에 속해 있고 어떤 특징이 있는지 살펴보았다면 이번에는 번호별로 어떤 컨셉이 맞을

지 세부적으로 생각해보자. 이 책에서 에니어그램을
다루는 목적은 1인 미디어의 방송 컨셉을 잡는 것이므
로 컨셉과 관련이 있는 각 성격의 강점에 대해서만 다
루겠다. 각 성향의 강점을 강화할 수 있는 컨셉을 다양
하게 생각해보자. 주의할 점은 컨셉은 필자가 잡아주
는 것이 아니라는 것이다. 이 책을 읽는 당신의 창의력
을 발휘할 때이다. 성격의 강점에 나의 창의력을 플러
스시키면 효과는 배가 될 것이다.

에니어그램 가슴 유형의 강점과 컨셉은?

21

2번 유형

2번 유형(이하 2번으로 표기)은 가슴 유형의 대표적인 유형으로 '나는 돕는다'는 의미를 가지고 있다. 2번은 타인과 공감적이고 지지적인 관계를 유지하는 강점이 있다. 또한 관대하며, 유쾌하다. 다른 사람에게 호감을 주는 스타일로 책임감 있고, 근면하다. 다른 사람의 필요한 것을 잘 파악하며, 사람들에게 동기부여를 잘하는 면이 있다.

이런 강점이 있는 2번 유형은 어떤 컨셉을 가지고 방송하면 좋을까? 하나하나의 강점을 컨셉화시킬 수 있다. 타인과 공감하는 컨셉, 유쾌한 컨셉, 관대한 컨셉, 책임감 있고 근면한 컨셉 등 2번 유형의 특징 안에도 다양한 컨셉이 나올 수 있다.

예를 들면, 이 모든 컨셉을 다 포함한 경우로 개그맨

유재석을 들 수 있다. '무한도전' 멤버들의 진술에 따르면, 유재석의 실제 성격은 2번이 아닐 것으로 예상된다. 하지만 개그맨으로서 유재석의 컨셉은 어찌되었든 2번으로 활동하고 있다. 그가 2번 유형이 아니라면, 그는 정말 컨셉을 잘 이행하고 있는 사람 중 하나일 것이다.

> **2번 유형**
> 사랑스러움
> 유쾌함
> 공감해주는

3번 유형

3번 유형(이하 3번으로 표기)은 '나는 성공한다'는 의미를 갖는다. 3번은 성공 지향적이고 높은 에너지를 가지고 있다. 청중을 잘 꿰뚫어 보는 능력을 지니고 있으며, 긍정적이고 자신감이 있다. 기획력이 뛰어난 강점 또한 있다.

3번 유형은 어떤 컨셉으로 방송하면 좋을까? 진취

적이고 에너지가 많이 필요한 컨셉이면 좋을 것이다. 104단, 3번 유형은 가슴 유형임에도 불구하고 다른 사람의 감정에 대해 참을성이 없는 특징이 있고, 지나치게 경쟁적이다.

3번은 합동 방송 컨셉을 자주 활용하면 유리할 수 있다. 다른 BJ와 경쟁해서 먹방을 하거나, 겜방을 할 때 활력이 넘치는 3번의 에너지를 보여준다면 감히 누가 쉽게 덤비려고 하겠는가? 파이팅 넘치는 3번의 활약상을 보여주자!

> **3번 유형**
> 성공지향적
> 높은 에너지
> 동기부여를 잘하는 사람

4번 유형

4번 유형(이하 4번으로 표기)은 '나는 특별하다'는 의미를 가지고 있다. 4번은 내성적인 성향이 있다.

4번은 창의적이고, 내관적이며, 표현력이 있다. 대중 사이에서 가장 눈에 띄는 유형은 4번과 7번이다. 7번은 화려함이 있다면, 4번은 세련됨이 있다.

　4번 유형이 직업적성검사에서 색채지각력도 높게 나왔다면, 독창적이면서 미적인 감각을 컨셉으로 설정하면 좋을 것 같다. 앞에서 소개한 물방울 떡과 같은 방송이 딱 어울리는 유형이다. 현재의 물방울 떡을 응용해서 딸기를 넣는다든지 하는 방법으로 좀 더 독특하고 감각적으로 만드는 것이다. 또는 톡방에서 자신의 감각을 드러내 계절별로 어울리는 옷을 추천한다든지, 어떤 예쁜 옷이 많은 가게를 알려준다든지 하는 것 등을 방송에서 활용할 수 있다. 필자의 경험에 의하면, 4번 유형의 여성은 눈썹도 평범하게 그리지 않는다. 이들은 모든 것이 특별한 것을 좋아한다.

4번 유형

창의력

감각적인 사람

낭만주의자

단, 타인의 비판을 받아들이기 어려워하는 경향이 있으므로, 되도록 비판을 피할 수 있는 컨셉으로 잡는 것이 좋다. 또한 감정 기복이 있으므로 물방울 떡과 같이 짧게 다양한 주제로 방송하는 것이 좋다. 계속 주제를 바꾸기 어려울 때는 다양한 사람과의 교류를 통해서 싫증 나지 않게 방송하는 것도 좋을 것이다.

에니어그램 머리 유형의
강점과 컨셉은?
22

5번 유형

5번 유형(이하 5번으로 표기)은 머리 유형의 대표적인 유형으로 '나는 안다'는 의미를 가지고 있다. 5번은 분석적이고, 객관적이며, 계획적이다. 끈기가 있으며, 전문직에 이 유형이 많다. 실제로 5번 유형에는 공부를 잘하는 사람이 많은 편이다.

만약 당신이 5번이라면, 분석적이고 객관적인 것을 컨셉으로 방송할 수 있다. 스포츠나 겜방에서 당신의 분석적인 방송은 타의 추종을 불허할 수 있다. 단, 5번 유형은 사람과의 관계적인 면에서 가슴 유형보다는 부족한 면이 있다. 타인의 감성적인 부분보다 분석적인 면을 강조한 컨셉으로 방송한다면 당신은 가슴 유형보다 독창적으로 보일 수 있을 것이다.

이런 컨셉으로 방송하고 있는 사람이 개그맨 김구라

다. 김구라는 실제 성격이 머리 유형인지는 모르겠으나, 자신의 개그맨 컨셉은 머리 유형으로 잡았다. 그는 예능 프로그램을 분석하는 것으로 유명하다. 또 자신의 분석이 객관적임을 강조한다. 현재 그의 컨셉은 예능 프로그램에서 그야말로 'Unique!' 하다는 평가를 듣고 있다.

> ### 5번 유형
> **분석적인 관찰자**
> **전문가**
> **끈기 있는 사람**

6번 유형

6번 유형(이하 6번으로 표기)은 '나는 충성한다'는 의미를 가지고 있다. 6번은 협동적이고, 전략적이며, 인내심이 있다. 6번은 문제를 잘 예측하고, 문제가 일어나기 전에 방어한다. 하지만 이런 방어가 과도한 경향이 있어 실행으로 옮기는 부분이 부족하고, 지나치게 조심스러운 면이 있다.

이런 성향을 가진 6번 유형은 자신의 성향대로 협동적이며, 전략적인 성향을 컨셉으로 방송할 수 있다. 꼭 컨셉은 어떤 캐릭터의 성격을 가지지 않아도 된다. 자신의 협동적이며, 전략적인 성향의 팁을 시청자에게 제공하는 방식으로 방송할 수도 있다. 이것으로 톡방을 한다면 시청자의 고민을 해결해줄 수 있는 다양한 팁을 제공할 수 있지 않을까 생각한다.

> ## 6번 유형
> **인내심이 많은 사람**
> **협동적**
> **전략적**

7번 유형

7번 유형(이하 7번으로 표기)은 머리 유형 같지 않은 머리 유형으로 '나는 즐겁다'는 의미를 가지고 있다. 7번은 굉장히 쾌활하고 두뇌회전이 빠르며, 창의적이고 열정적이다. 호기심이 많고, 분산된 자료를 연결 짓는 능력이 있다.

당신이 만약 7번이라면 그 어떤 컨셉도 가능하다. 당신의 창의력은 그 누구보다 높을 수 있다. 당신의 방송 컨셉에 상상력을 키워보자.

대표적인 예로 노홍철을 들 수 있다. 그의 창의력은 그의 차에 그려져 있는 그의 캐릭터만 봐도 느낄 수 있다. 방송에 나온 그의 집 안에는 처음 보는 물건으로 가득했다. 최근에는 자신이 있을 때만 문을 여는 '철든책방'을 오픈했다. 그의 창의력은 문짝으로 만든 테이블부터 자신이 카운터에 있을 때만 문을 연다는 운영방식까지 어느 것 하나 평범한 것이 없다. 또한, 7번의 화려함은 4번도 따라가지 못한다. 당신의 화려함과 창의력으로 화려한 7번만의 방송 컨셉을 잡아보자.

> **7번 유형**
> **창의적인 사람**
> **열정적**
> **두뇌회전이 빠른 사람**

에니어그램 장 유형의 강점과 컨셉은?

23

8번 유형

8번 유형(이하 8번으로 표기)은 장 유형의 대표적인 유형으로 '나는 힘이 있다'는 의미를 가지고 있다. 8번은 힘으로 권위를 보여주며, 직설적이다. 에너지가 많고, 추진력이 있다. 2번 유형과 마찬가지로 다른 사람이 성공할 수 있도록 지원하는 경향이 있다. 리더 중에도 많은 수가 8번 유형에 속한다.

8번은 리더십이 있다. 힘이 있고, 권위를 보여주는 컨셉으로 방송하는 것이 8번에 어울린다. 대표적인 연예인으로는 박명수를 들 수 있다. 직설적이고, 누가 뭐라고 해도 잘 듣지 않는 경향이 있다. 단, 이런 컨셉은 자칫하면 오해의 소지가 있으니 방송상의 컨셉임을 시청자에게 알려주고 시작하자. 8번과 같은 컨셉이 없고 모두 동조하고 공감만 하는 방송이라면 지루할 수도 있다. 8번의 성향을 가진 BJ의 방송을 보면 시청자들은 스트레스가 더 잘 해소되지 않을까 하는 생각이 든다.

> 8번 유형
> 리더
> 추진력 있는 사람
> 직설적인 사람

9번 유형

9번 유형(이하 9번으로 표기)은 가장 장 유형 같지 않은 장 유형으로 '나는 평화롭다'는 의미를 가지고 있다. 9번은 포용력이 있고, 전체의 평화를 유지하는 데 에너지를 많이 쏟는다. 인내심이 많다. 하지만 자신의 의사를 잘 표현하지 않아 우유부단해 보일 수 있고, 에너지 수준이 낮은 편이다.

9번 유형을 방송 컨셉으로 잡은 대표적인 연예인은 정준하다. 정준하는 항상 다른 연예인들에게 공격을 당하는 캐릭터다. 하지만 항상 자신의 의견을 분명히

밝히지 않으며, 수동적으로 공격한다. 이런 식의 공격은 놀림거리가 되며, 모든 멤버가 웃는다. 보통 정준하가 나오는 장면은 그렇게 놀림당하는 것으로 끝나곤 한다. '이게 무슨 컨셉이야?'라고 생각하는 분도 있겠다. 하지만 분명 컨셉이다. 정준하는 벌써 8년이나 그렇게 '무한도전'에 나오고 있다. 이것이 실제 상황이 아닌 컨셉이라는 것을 정준하의 또 다른 캐릭터 '정 총무'를 보면 알 수 있다. 눈으로만 어림짐작해서 가격을 맞히는 정 총무의 두뇌 게임은 시청자들을 경악시켰다. 모두 재미를 위한 것이다.

9번 유형

긍정적인 사람

이상주의자

포용력 있는 사람

1번 유형

1번 유형(이하 1번으로 표기)은 '나는 완벽하다'는 의미를 가지고 있다. 1번은 말 그대로 완벽을 추구한다. 실질적이고 지각력 있으며, 스스로 모범을 보인다. 세부사항에 지나치게 집중하는 경향이 있다. 1번은 완벽을 추구하기 때문에 완벽하지 못한 타인에 대해 참을성이 없다.

앞에서 언급한 자기관리의 모범 사례인 먹방 BJ는 1번 유형의 컨셉이다. 먹방 BJ 중 가장 많이 먹는다고 해도 과언이 아닌 이 BJ는 온 몸이 근육질에 V라인의 얼굴을 유지하고 있다. 방은 항상 깨끗하며, 모든 방송에 실수가 거의 없는 완벽에 가깝다. 이것이 1번의 컨셉이다.

> **1번 유형**
> **완벽주의자**
> **교사**
> **조직적인 사람**

　　이렇게 모든 성격 유형이 컨셉이 될 수 있다. 내 성격 유형을 좀 더 자세히 알아보고 나의 컨셉을 세부적인 것까지 잡도록 하자. 그것이 나의 방송이 성공할 수 있는 가장 확실한 방법이다.

나의
Unique한
방송 컨셉
만들기

내가 가장 좋아하는 영화 캐릭터가 나의 방송 컨셉?

24

앞에서 성격 진단으로 컨셉을 잡았다. 이해를 돕기 위해 연예인의 방송을 예로 들었지만, 아직도 좀 더 구체적이면서 독특한 컨셉을 원하는 독자가 있을 것으로 생각한다. 'Unique'한 방송 컨셉은 뭐니뭐니해도 영화나 만화 캐릭터의 컨셉을 빌려오는 것이다. 좋아하는 영화나 만화를 여러 편 보고 그중 가장 마음에 드는 캐릭터를 골라서 컨셉을 정한다. 이때 컨셉이 될 캐릭터는 나와 비슷하거나, 혹은 내가 도전해보고 싶은 캐릭터가 좋다. 그렇지 않으면 의도하지 않았지만 방송 도중 연기를 해야 하는 상황이 생길 수 있다.

국내 시장에 브런치 바람을 일으키는 데 일조했다고 해도 과언이 아닌 '섹스 앤드 더 시티'로 캐릭터를 잡아보자. 주인공인 캐리 브래드쇼는 패션 감각이 뛰어난 인물이다. 세련됨과 화려함의 전형인 인물이나 요리엔 취미가 없다. 세련된 뉴욕의 거리에서 브런치를 즐기는 장면이 자주 나오는 것은 이 때문이다. 거기에 수다스러움까지 더하면 먹으면서 말하는 먹방 BJ와 일맥상통하는 부분이 있다고 하겠다.

캐리 브래드쇼를 컨셉으로 먹방 BJ를 한다면, 일단 BJ는 외모로 세련되고 화려함을 보여줄 수 있어야 한다. 그리고 요리엔 취미가 없으나, 맛집은 섭렵하고 있어 다양한 메뉴를 가져와 시청자와 즐길 수 있어야 한다. 그 다양한 메뉴는 세련되며, 유행을 선도해야 한다. 앞서 소개한 먹방 BJ ○○가 필자가 본 BJ 중 가장 캐리 브래드쇼와 비슷한 캐릭터다. 먹방 전에 항상 미용실을 다녀와 헤어 디자인 후 방송을 준비하는 것은 BJ ○○가 정한 외모 컨셉인 셈이다.

영화 외에도 예능 프로그램을 참고하면 많은 도움이 된다. 프로그램 컨셉에 참고했는지 모르겠지만, 국내에서 캐리 브래드쇼와 가장 흡사한 컨셉의 먹방 예능 프로그램은 '테이스티 로드'이다. 세련되면서도 맛있고, 가끔은 푸짐하면서도 2~30대의 여성이 로망하는 예쁘고 아기자기한 음식을 보여주는 프로그램이 아닌가! '테이스티 로드'에 소개된 맛집을 먹방에 활용해도 좋겠다.

그렇다고 그대로 따라 하는 것은 'Unique한(독특
한)'한 컨셉을 만들어주지 않는다. 소개된 맛집을 5
번 유형처럼 방송 내용과 맛이 같은지 분석한다든지,
1번 유형과 같이 양이나 맛 면에서 방송과 일치하는지
보여주는 등 다른 방향으로 방송해야 내 것이 될 것이다.

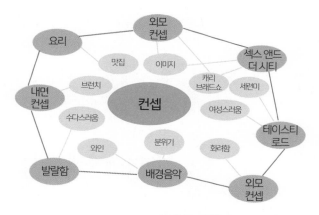

영화 캐릭터 컨셉(Concept)화 예시

엽기는
어떻게 컨셉화할까?

25

'엽기적인 그녀'라는 영화에서 배우 전지현의 컨셉은 엽기다. 엽기는 보통 공포스럽거나 잔혹함 등 부정적으로 취급되는 경향이 있다. 그러나 영화에서 엽기적인 그녀의 '내면 컨셉'은 엽기지만, '외면 컨셉'은 청순 캐릭터이다. 사회의 고정관념을 반전시키면서 대중의 관심을 한꺼번에 받은 영화다. 한때 폭발적인 관심을 불러일으킨 엽기토끼 '마시마로(Mashimaro)'를 떠올려보자(30대 이하는 모를 수 있으니 검색해 참고하자). 토끼라는 청순 캐릭터에 엽기 컨셉을 접목시킨 새로운 캐릭터로 주목받았다. 귀여운 토끼 외모의 '마시마로'가 절벽에서 친구를 떠미는 장면은 실로 엽기였다.

이 외에도 '엽기 취향'을 공유하는 사이트, '엽기 패션' 등 다양한 방면에서 엽기의 개념은 우리의 생활 속에 침투해 있다. 이러한 취향은 새로운 것의 강렬한 자극이 일으키는 쾌감을 추구하려는 욕구의 분출로 설명

될 수 있겠다. 이런 의미에서 엽기는 '튀다', '조금은 당혹스러울 수도 있을 독특한 개성을 지니다'라는 의미로 확대할 수 있다.[8]

같은 엽기적인 컨셉이지만, 대 국민적인 사랑을 받은 '엽기적인 그녀'와 '마시마로'는 공통점이 있다. 엽기 캐릭터에 코미디, 청순함을 더한 것이다. 엽기라는 비호감의 단어와 청순함의 의미인 토끼나 그녀를 결합했고, 거기에 웃음 코드를 넣은 것이다. BJ, 유투버로서 엽기 코드를 사용하려면, 호감의 이미지와 코미디를 함께 사용하라고 조언하고 싶다. 단순히 엽기적이기만 한 방송은 자칫하면 방송심의위원회의 방송규정에 어긋날 수 있으니 주의하자!

---

8) 엽기의 미학적 개념화를 위한 탐색, 고려대학교, 최애영, 2008

엽기 컨셉 '한입만'

엽기 컨셉 중 내면 컨셉, 즉 메뉴 선정이나 먹는 방식을 엽기화한 몇 가지 사례를 소개하겠다.

먹방 예능 프로그램 중 하나인 '맛있는 녀석들'의 '한입만' 코너가 있다. '맛있는 녀석들' 프로그램에서는 4명의 MC가 먹방을 선보이는데, 한 명은 음식을 먹지 못하고 옆에서 바라만 본다. 먹지 못하는 한 명은 가장 먹고 싶은 메뉴가 나오면 '한입만'을 외치고 자신이 한 입에 먹을 수 있는 최대의 양을 먹을 수 있다. MC 문세윤은 '한입만' 코너에서 거의 밥 한 공기 분량을 한입에 넣으면서 화제가 되었다. 실제로 회가 거듭할수록 '한입만'이 이 프로그램의 분당 최고 시청률을 갱신하고 있다.

먹방 BJ가 응용한다면, 오늘 별풍선이 몇 개가 갱신되면 '한입만'을 하겠다고 공약을 해도 좋고, 이벤트로 '한입만'을 해도 별풍선이 터지는 계기가 되지 않을까 생각한다.

'맛있는 녀석들'의 '한입만' 코너[9]

---

9) (주)아이에이치큐 '맛있는 녀석들' 중 '한입만' 코너

엽기 컨셉 '한 음식만 먹는다!'

두 번째, 영화 '슈퍼 사이즈'(2004)를 추천한다. 이 영화는 모건 스펄록이라는 감독 자신이 30일간 맥도날드 메뉴만 먹은 원맨 패스트푸드쇼로 유명하다. 이 영화의 컨셉은 패스트푸드가 건강에 미치는 경각심을 불러일으키기 위한 것이었다. 하지만 먹방에 적용할 때는 굳이 컨셉을 똑같이 할 필요는 없다. 내가 필요한 것만 가져다 쓰면 되는 것이다. 메뉴도 맥도날드 메뉴가 아닌 특정한 메뉴나 주제를 정해 연속해서 일주일 혹은 그 이상 먹방을 찍는다면 아프리카 TV에서는 물론 유튜브에서도 대단한 조회 수를 기록할 수 있을 것이다. 마찬가지로 자신이 좋아하는 메뉴나 주제로 선정한다면 좀 더 재미있게 방송 진행이 가능하지 않을까 한다.

필자는 출산 후 생애 첫 다이어트를 하게 되었는데, 좋아하는 미역국을 먹었다. 밥 없이 미역국만 먹는 것이다. 정말 좋아하는 음식이라 가능했지 다른 메뉴였다면 가능하지 않았을 것이다. 이 영화 컨셉에 도전하고 싶은 먹방 BJ라면 꼭 좋아하는 물리지 않을 메뉴로 시도하라고 권하고 싶다.

엽기적인 방송에 재미를 더할 수 있는 예를 들어보았다. 이 글을 읽는 독자 여러분의 더욱 다양하고 흥미로우면서도 엽기적인 컨셉을 기대해보겠다.

컨셉으로
Unique한
BJ, 유투버 이름 짓기
26

이름과 컨셉은 공존해야 한다

BJ 명, 유투버 명을 짓고 나서 컨셉을 잡으려고 하면 이름과 컨셉이 맞지 않는 상황이 발생할 수 있다. 가수나 연예인이 이름을 짓기 위해서 고민했던 것을 인터뷰에서 자주 이야기하곤 한다. BJ나 유투버도 대중의 호응을 얻는 직업이다. 나의 컨셉을 전달할 수 있는 이름을 짓는다면 효과는 배가된다. 그렇다면, 컨셉을 전달하는 이름은 어떻게 지으면 좋을까?

우리는 앞서 BJ와 유투버의 주제를 정하고, 컨셉을 잡았다. 여기에서 주목해야 할 것이 있다. 주제는 바뀔 수 있다. 예를 들어, 처음에 소개한 BJ OO는 처음에는 춤추며 음악을 틀어주는 춤방을 진행하다가 먹방으로 전향해 성공했다. 이 BJ가 정규방송에 나올 정도로 인

기를 몰자, 예전에 춤방에서 했던 막말 동영상을 네티
즌이 찾아내 곤욕을 치렀다.

주제는 방송 중 어떤 문제가 생기거나 힘들어지거나
하면 바꿀 수 있다. 하지만 컨셉을 바꾸면 이 BJ와 같은
문제가 발생하기도 한다. 대중은 미디어를 통해 보는
것이 그 사람의 전부라고 인식한다. 그런데 컨셉을 바
꾸어버리면 이렇게 이중인격으로 내몰리는 상황이 벌
어질 수도 있는 것이다. 그래서 이름에 나의 컨셉이 들
어가 있어야 한다.

같은 상품이지만 컨셉이 다른 예를 들어보겠다.

맛있는 해장국을 만드는 해장국집

언제나 이용할 수 있는 24시간 해장국집

장인의 맛을 느낄 수 있는 해장국집

4,000원에 한 그릇, 저렴한 해장국집

직원이 친절한 해장국집

깨끗하고 청결한 해장국집

국산 재료만 사용하는 해장국집

같은 해장국집이지만, 컨셉이 다르다. 컨셉이 다른

만큼 해장국집의 간판명도 제각각 다를 것이다. 각각의 해장국집의 컨셉에 맞는 나만의 간판명을 달아보자!

컨셉	간판명
맛있는 해장국을 만드는 해장국집	후루룩 해장국집
언제나 이용할 수 있는 24시간 해장국집	24시간 언제나 해장국집
장인의 맛을 느낄 수 있는 해장국집	○○○ 장인 해장국집
4,000원에 한 그릇, 저렴한 해장국집	4천냥 해장국집
직원이 친절한 해장국집	고객이 왕 해장국집
깨끗하고 청결한 해장국집	청산바다 해장국집
국산 재료만 사용하는 해장국집	믿고 오는 해장국집

컨셉으로 간판명 만들기

위의 간판명은 컨셉에 대한 이해를 위해 쉽게 적었다. 컨셉을 정했다면, 내가 정한 컨셉 내에서 떠오르는 모든 형용사를 열거해보자. 그 형용사를 모두 내포할 수 있는 단어를 이끌어내는 것이 중요하다. 바로 생각나지 않는다면, 열거한 형용사를 책상 앞에 붙여놓고 며칠 지나도 좋다. 창의력은 초능력이 아니다. 내가 머릿속에 항상 그리고 있다면, 그 에너지를 통해 순간적으로 오는 것이 창의력이다. 적어놓은 형용사에 내 에너지를 연결해 놓는다면, 머지않은 시일 내에 이름이 떠오를 것이다.

BJ

Broadcasting Jockey

Part 3

난 프로! 내 방송은 내가 관리한다!

정성적
평가로
방송평가를
시작해보자!

방송평가 기준은,
내가 정하고 내가 평가한다
27

더 이상 고민하지 말고, 방송 Start!

지금까지 우리는 1인 미디어 방송의 주제를 선정하고, 방송의 컨셉을 잡았으며, BJ와 유투버 이름을 지었다. 내가 선정한 주제에 나만의 'Unique(독특한)' 컨셉으로 방송을 시작하려고 한다. 처음에 방송을 시작하면, '어떤 말부터 해야 할까?', '어떤 순서대로 진행할까?', '시청자가 오면 어떻게 해야 할까?' 수많은 고민을 한다.

분명히 말하지만, 이런 고민은 다 쓸데없다. 왜냐하면, 어떻게 준비하고 많은 고민을 해도 첫 방송은 실수가 있기 마련이기 때문이다. 긴장한 탓도 있지만, 처음에는 누구나 어쩔 수 없는 것이 있다. '그건 말하지 말아야지!'라고 생각하고 있으면, 그 말이 계속 생각나서 오히려 입 밖으로 나올 확률이 더 높아진다.

Case 7 정성적 평가로 방송평가를 시작해보자!

일단, 방송을 시작하자. 방송을 2~3회 정도 해보면 내가 어떤 점을 계속해서 실수하고 있으며, 어떤 점을 고쳐야 할지에 대한 대략적인 윤곽을 잡을 수 있다. 완벽하지 않아도 좋다. 진행하면서 고쳐나가면 될 일이다. 자! 마음을 굳게 먹고 'Start!' 버튼을 누르자!

몇 번의 방송을 진행해보면, '과연 내가 잘하고 있는 걸까?'라는 생각이 자연스럽게 올라올 것이다. 지금부터는 내 방송을 내가 평가하는 방법을 알아보려고 한다. 평가에 대한 설명 이전에 주의사항이 있다. 앞에서 우리는 적성에 맞게 주제를 선정하고, 내가 좋아하는 캐릭터로 컨셉을 잡았다. 그렇다면 모든 BJ, 유투버는 모두 다른 캐릭터를 가지고 있다는 것인데, 어떻게 평가의 기준을 잡을 것인가?

Calibration, 평가 표준화 방식이란?

고객센터에서는 상담사와 고객이 통화한 내용을 녹취해 평가한다. 상담사는 고객과 통화 도중에 해야 하는 필수 멘트가 있으며, 그것을 얼마나 잘 지켰는지, 얼마나 친절하게 미소 지으며 응대했는지, 얼마나 융통성 있게 고객 문의를 처리해줬는지 등에 대한 것을 평가받는다. 이것을 '모니터링 평가' 혹은 'QA 평가'라고 한다. 문제는 상담사는 수백 명에 달하고, 평가를 진행하는 'QA' 또한 여러 명이라는 것이다. 여러 명의 'QA'가 같은 기준으로 평가할 수 있도록 돕는 작업을 '칼리브레이션(Calibration)' 혹은 '귀 맞추기'라고 한다. 칼리브레이션은 누가 평가를 하더라도 같은 점수를 얻을 수 있는 평가 기준을 표준화하는 작업이다. 여러 명의 QA가 수십에서 수백 명 상담사의 평가를 나누어 진행해야 하므로 평가 표준화 방식이 진행되지 않으면 평가의 공정성을 보장할 수 없기 때문이다.

그런데, 현재 BJ로서 내가 다른 BJ와 나의 방송 내용을 비교할 때는 이 작업이 필요하지 않다. 모두 내가 평가할 것이기 때문이다. 그냥 나의 주관적인 기준으로 평가해도 무방하다. 다만, 누구를 평가하든 나의 주관적인 기준은 변함이 없어야 한다. 그래야 평가의 의미가 있다. 그런데도 이 내용을 기재해놓는 이유는 혹시라도 매니저나 다른 사람과 평가를 나누어서 진행하게 된다면, 평가 '표준화 방식', 즉 '귀 맞추기'를 진행해야

함을 알리고자 하는 의미이다.

이 책에서 소개하고자 하는 정성적 평가의 가장 큰 특징은 '정답은 없다'는 것이다. 특정한 목적을 위해 같은 평가 기준으로 하나 이상의 평가가 필요할 때는 '귀 맞추기'가 필요하지만, 다양한 방식의 평가 기준을 알아보기 위해서는 다양한 사람의 평가를 공유하는 것도 평가 연습에 도움이 될 수 있다. 타인의 평가 기준을 보는 것은 자신의 컨셉에 따라 평가하는 기준이 다를 수 있으므로 다른 BJ나 유투버는 어떤 컨셉으로 무엇에 중점을 두는가를 알아볼 좋은 기회일 수 있다. 기회가 된다면, 서로 평가 방식을 공유해보자.

정성적 평가란
무엇인가?

28

정성적 평가는 쉽게 말해 성질을 평가하는 것을 의미한다. BJ나 유투버가 어떤 성질로 시청자와 커뮤니케이션을 했는가에 대한 평가라고 생각하면 되겠다. 앞에서 소개한 고객센터의 상담사 모니터링 평가표의 예시를 보고, 그것을 토대로 BJ와 유투버의 평가표를 작성해보도록 하겠다.

다음의 모니터링 평가표를 살펴보자.

대분류	평가항목		세부내용	배점
도입부	1.맞이인사	1_1.첫인사	적절한 첫인사 진행	5
			미흡한 첫인사 진행	3
			첫인사 누락	0
			소계	5
상담품질	2.화법 및 응대 태도	2_1.친절/배려(미소+속도)	명확한 발음으로 성의 있고 밝은 목소리로 친절하게 응대	6
			느리거나 빠른 어투로 사무적이고 딱딱한 느낌의 응대	3
			불명확한 발음으로 퉁명스럽고 클레임 유발되는 응대	0
		2_2.상담멘트	경어체 적절하게 사용	6
			경어체 사용 미흡	3
			과도한 요죠체 사용	0
		2_3.표현력	상담 전반적으로 정중하고 적절한 언어 사용	6
			정중한 응대 진행되나 상담용어 미흡하게 사용	3
			상담 전반적으로 부적절 언어, 비정중한 언어 사용	0
		2_4.사과양해표현/대기멘트/동감표현	고객 불편사항 발생되는 시점에 양해표현 구사	6
			사과양해,대기멘트 1회 누락	4
			사과양해,대기멘트 2회 누락	2
			사과양해,대기멘트 3회 이상 누락	0
		2_5.경청도	고객 문의내용에 경청	6
			고객 문의시 건성으로 들어 재문의 발생하는 경우	4
			고객의 말을 1회 이상 끼어들 경우	2
			고객의 말을 2회 이상 끼어들 경우	0
			소계	30

⇨ **다음장에 이어**

Case 7 정성적 평가로 방송평가를 시작해보자!

대분류	평가항목		세부내용	배점
업무 능력	3. 정보 탐색	3_1. 고객 정보확인	정확한 고객정보 확인	7
			고객정보 확인 미흡	5
			고객정보 확인 누락	0
		3_2.고객 Needs 파악	문의내용을 정확히 파악하고 응대	5
			문의내용은 파악되었으나 탐색질문	3
			문의내용 파악이 되지 않아 반복적인 재질문	0
	4. 업무 전달력	4_1. 답변의 정확성	정확한 답변, 효율적인 업무처리	10
			잘못된 답변 후 정정하는 경우	5
			고객 문의에 대해서 임의 안내	0
		4_2. 설명력	고객 위주의 쉬운 설명으로 내용 이해가 잘됨	5
			내용 위주 쉬운 설명이 미흡함	3
			장황한 설명/일방적 응대	0
	5. 정확성	5_1. 시스템 활용	문의건에 정확한 전산처리와 신속한 전산 활용력	10
			전산 확인 응대 가능하나 고객에게 불필요한 질문	7
			전산 오처리 후 바로 정정한 경우	3
			전산처리 누락	0
		5_2. 상담기록 (기타 메모포함)	고객 문의내용/안내내용 누락 없이 정확히 기재	10
			CS메모 내용이 불충분할 경우	7
			CS메모 1가지 누락	3
			CS메모 2가지 이상 누락	0
	소계			57
종결부	6. 종결부	6_1.문제 해결 재확인	고객 문의건 해결 확인 질문 진행	3
			고객 문의건 해결 확인 질문 누락	0
		6_2. 끝인사	적절한 끝인사 진행	5
			미흡한 끝인사 진행	3
			끝인사 누락	0
	소계			8
총 누적 합계				100

시청자가 원하는 것으로 평가표를 만든다?

29

아프리카 TV를 이용하는 시청자의 이용 동기를 분석한 결과, 오락적 동기와 휴식추구 동기가 가장 높게 나타났다. 쉽게 말해, 아프리카 TV 이용자들은 단순한 오락/휴식 차원의 욕구가 강하게 있지만, 단순히 방송을 시청하는 것이 아니라 다양한 상호작용 기제들을 통해서 시청자들의 능동적이고 적극적인 행위를 유발할 수 있음을 보여준다는 것이다. 이 중요한 상호작용 기제로 실시간 채팅이나 유료 아이템이 영향을 주는 것으로 나타났다.

시청자는 실시간 채팅에서의 대화와 유료 아이템을 사용하면서 오는 BJ와의 소통을 통해 사회적 실재감을 얻는 것으로 나타났다. BJ를 준비하는 우리는 채팅에 좀더 집중해야 하며, 우리가 얻고자 하는 유료 아이템을 얻을 수 있도록 방송을 주도적으로 이끌 수 있어야 하겠다.

Case 7 정성적 평가로 방송평가를 시작해보자!

나만의 평가표를 만들어보자

평가표라고 하니 거창한 느낌이 들어 어렵다는 생각이 들 수도 있다. 자신의 주제와 컨셉에서 강조하고자 하는 면을 항목으로 정해놓고 세부적으로 어디에 초점을 맞출 것인지 내용을 정하면 평가표를 작성하는 것은 어렵지 않다.

이 책에서는 위의 연구에서 얻은 변수(오락적 동기, 휴식적 동기, 상호작용 기제, 실시간 채팅, 유료 아이템)를 통해 평가표를 작성해 보겠다. 내용은 내가 각 항목에 점수를 어떤 것을 행하면 줄 것인지에 대한 기준을 마련하는 것이다. 예를 들어, 시청자의 오락적 동기는 BJ가 유머를 사용할 경우 플러스 점수를 주고, 공격성 어투를 사용할 경우 마이너스 점수를 주는 식이다. 유머 코드를 강화할 것이라면, 오락적 동기 항목의 점수를 다른 항목보다 크게 할 수도 있다.

〈내가 만드는 BJ, 유투버 평가표 예시〉를 보며, 나만의 평가표를 작성해보자.

다시 말하지만, 항목이나 내용, 점수 또한 나의 주제나 컨셉에 맞추어 평가표를 변경할 수 있다. 만약 내가 개그맨 박명수 컨셉이라면 공감 따위 필요 없을 수도 있다. 그럼에도, 상호작용 기제는 꼭 필요하므로 공감 외에 상호작용할 수 있는 나만의 방식을 찾으면 된다. 앞서 소개한 엽기 BJ ■■는 공감은 없지만, 시청자들의 실시간 채팅창을 큰 소리로 읽어준다. 내 컨셉에 따라 시청자와 소통하는 나만의 방식을 찾는다면 문제 될 것이 없다.

항목	내용	평가항목	점수
오락적 동기	유머를 사용한 경우	유머	1
	공격성 어투를 사용한 경우	공격성	−1
휴식적 동기	대화를 주도적으로 이끌어갈 경우	주도성	1
	대화를 수동적으로 이끌어갈 경우	(−)주도성	−1
상호작용기제 실시간 채팅	채팅창에 공감해줄 경우	공감	1
	채팅창에 수동적으로 답변할 경우	수동성	−1
상호작용기제 유료 아이템	유료 아이템에 리액션을 해줄 경우	주도성	1
	유료 아이템을 능동적으로 유도할 경우	이벤트	1
	유료 아이템에 수동적으로 반응할 경우	(−)주도성	−1

내가 만드는 BJ, 유투버 평가표 예시

왜
정성적 평가는
필요한가?

30

우리는 동영상으로 다른 BJ나 유투버의 방송을 본
다. '이렇게 보면, 어떤 BJ나 유투버가 어떻게 방송하는
지 다 아는데, 굳이 이걸 머리 아프게 평가할 필요가 있
을까?'라고 생각할 수 있다. 우리는 해보지 않은 일에
대해 귀차니즘이 작동한다. 더더군다나 처음에는 매일
바쁘게 방송하랴, 편집하랴 정신이 없을 수 있다. 그래
서 처음부터 무조건 해야 한다고 말하고 싶지는 않다.
하지만 처음에 안 하면, 나중에도 하지 않을 확률이 더
높다. 그러다 보면 발전의 기회마저 잡지 못하고 그만
둘 수 있다는 것을 먼저 말하고 싶다. 한 번이라도 해보
면 바로 알 수 있다. 정성적 평가 없이는 방송의 발전이
무디거나 없을 수 있음을 꼭 명심해야 한다.

아래는 두 명의 먹방 BJ의 방송에서 BJ가 시청자와

나눈 대화를 문장으로 적은 것이다. 말 그대로 한 방송에서 나눈 대화를 그냥 자판으로 쳤다. 그 외에는 아무것도 하지 않았다. 공정한 평가를 위해 두 방송 모두 닭다리를 주제로 한 방송을 추출했다. 두 명의 BJ 모두 남자고, 닭 다리를 먹방하며 시청자와 나눈 대화이다. 행동이나 표정은 생략하고, 대화만 추출해서 기재했다.

평가를 진행하기 전에 두 BJ가 시청자와 어떤 내용으로 대화를 나누었는지 살펴보겠다. 먼저, BJ △△의 방송내용이다.

BJ △△ 방송내용 요약 발췌본

BJ △△ 방송내용
치킨을 먹으며 '허니는 달달하니 가족들과 함께 시켜 드세요'라고 함.
간만에 치킨 먹어서 너무 좋다고 함. (15일 휴방 후 진행해서 좋다고 함)
마그마 소스 찍어서 먹으면 맛있다고 설명해줌.
먹는 속도가 빠르다. 시청자가 천천히 먹으라고 함.
닭한테 안 미안하냐고 시청자가 묻자, 밥 먹을 때 쌀한테는 안 미안하냐고 물음.
닭이랑 벼랑 같으냐고 다시 묻자, 꺾이는 것은 다 똑같다고 함.
별풍선 리액션으로 가장 맛있는 닭 다리를 선물로 화면에 확대해 보여줌.
어떤 치킨을 더 좋아하는지에 대해 설명해줌.
교촌은 닭이 작고 황금 올리브는 크다고 설명한다.
별풍선 리액션 계속됨.
(화장실에 자주 간다며) 자신 같은 사람이 집에 두 명만 있으면 정화조 푸는 날이 빨리 다가올 거라고 한다.
(화장실에 자주 가는 친구가 술을 더 잘 먹는다고 함) 친구 중 누가 술을 잘 먹는지 등에 관해서 설명한다.
메뉴에 대한 같은 질문이 반복되자, 처음 들어온 사람이 샷 찍어놓으라고 한다.
그 이후에 어떤 치킨을 더 좋아하는지에 대해서 설명한다.
먹는 도중 닭 다리를 다시 깔끔하게 배열한다.
자신의 본업은 집에서 노는 뽀로로처럼 끝도 없이 놀고 있다고 함.
뱃살이 많아서 참치 같기도 하다고 함. 노는 것은 뽀로로처럼 논다고 함.
본방 너무 좋아서 안 나간다고 하는 시청자에게 친구한테 전화오면 나가야 한다고 대답함.
몇인분 먹으면 배부르냐는 시청자의 질문에 답해줌.

Case 7 정성적 평가로 방송평가를 시작해보자!

BJ ♠♠ 방송내용
(치킨 다리 가족이 다 먹을 때 몇 개나 필요한지에 대한 답변으로) '4인 가족이 치킨 먹으려고 하면 아무리 적게 먹어도 입만 대고 자야지 해도 두 마리는 시켜요죠. 다들 그 정도는 먹잖아요.' 한다.
(엄마표 치킨을 먹으려면) '엄마 것은 먹는 방법이 달라요.' (햇반을 BJ 뒤쪽 병정 캐릭터의 문을 열고 꺼내서 전자레인지에 돌린다. 사람들이 병정 캐릭터에서 햇반이 나온다고 신기해하며 다양한 질문을 함)
당근을 좋아한다는 시청자의 말에 '저도 닭볶음탕의 당근 되게 좋아하거든요. ○○님 나랑 잘 맞네요.'
전자레인지에 돌려 뜨거운 햇반을 '달걀 뒤집듯이 한번 뒤집어주면 더 빨리 식어요.'라며 뒤집음. 그리고 나서, '죽기 살기로 불어줘야 해요.' 라며 호호 불어준다.
'닭 다리의 손잡이 부분을 만들어줘야 드실 때 더 편하죠.' 하며 닭 다리 끝부분을 먼저 먹어 그 부분을 잡고 먹는 시범을 보인다
입안에 가득 넣어 맛있게 먹는다. 하지만 천천히 먹는다.
엄마가 해주신 닭찜에 대해 무한 칭찬을 한다. '우와~ 엄마, 진짜 맛있 다.'
콜라를 따면서 화면 가까이에서 캔을 따는 소리를 들려준다. (잠시 시청자들이 집중한다)
엄마, 너무 맛있다고 엄마에게 2천을 통장에 입금하겠다고 방송 중 전 화한다. 2천만 원 아니고 2천이라고…. (처음 2천이라는 말에 시청자 들 반응한다)
먹으면서 말을 못할 때는 손을 흔들어준다.
닭 다리를 세어보고 '닭이 13마리가 죽었어요'라고 채팅창에 말한 시 청자에게 '마흔 마리 죽이려다 참은 겁니다.'라고 대답함. 대신 밥을 더 돌려야 할 것 같다면서 전자레인지에 햇반을 더 돌린다.

BJ ♠♠ 방송내용 요약 발췌본

　두 BJ의 방송내용을 살펴보았다. 정성적인 평가를 하기 전, 대략적인 느낌으로 글을 읽어본 소감이 어떤지 생각해보자. 두 BJ 모두 비슷한가? 아니면, 어느 한쪽이 더 방송을 잘한 느낌이 드는가? 그럭저럭 비슷하다고 생각될 수도 있을 것이다. 둘 다 닭 다리 먹으면서 소소하게 나눈 이야기일 뿐이다. 그렇다면 평가 결과도 비슷할까?

내 방송은
내가 평가한다
31

먼저, 자신이 중요하게 생각하는 항목을 기준으로 평가항목을 만든다. 그 어떤 항목이어도 관계없다. 정답은 없으며, 누구도 옳거나 그르지 않다는 것을 다시 한 번 강조하고 싶다. 이 책에서는 앞서 소개한 아프리카TV의 논문에서 평가항목을 발췌했다.

상세히 설명하면 다음과 같다. 상대방의 말에 공감해주는 공감의 표현, 자신이 이야기를 주도하는 주도성, 시청자의 답변에 대답하는 수동성, 시청자의 답변에 약간의 공격을 하는 공격성, 그리고 시청자의 호감을 사는 유머를 찾아보기로 한다. 자신의 이야기를 하는 주도성에는 +(플러스) 주도성과 -(마이너스) 주도성을 넣었다. 플러스 주도성은 자신의 이야기 중 호감형의 주제를 사용하는 경우이고, 마이너스 주도성은 비호감의 주제를 표현하는 경우로 나뉘었다. 표기의

용이함을 위해 플러스는 생략하고, 마이너스인 경우만 표기했다.

BJ △△ 평가표 예시

BJ △△ 방송내용	평가내용	점수
치킨을 먹으며 '허니는 달달하니 가족들과 함께 시켜 드세요'라고 함.	주도성	1
간만에 치킨 먹어서 너무 좋다고 함. (15일 휴방 후 진행해서 좋다고 함)	주도성	1
마그마 소스 찍어서 먹으면 맛있다고 설명해줌.	주도성	1
먹는 속도가 빠르다. 시청자가 천천히 먹으라고 함.	(-)주도성	-1
닭한테 안 미안하냐고 시청자가 묻자, 밥 먹을 때 쌀한테는 안 미안하냐고 물음.	공격성	-1
닭이랑 벼랑 같으냐고 다시 묻자, 꺾이는 것은 다 똑같다고 함.	유머	1
별풍선 리액션으로 가장 맛있는 닭 다리를 선물로 화면에 확대해 보여줌.	이벤트	1
어떤 치킨을 더 좋아하는지에 대해 설명해줌.	주도성	1
교촌은 닭이 작고 황금 올리브는 크다고 설명한다.	주도성	1
별풍선 리액션 계속됨.	수동성	-1
(화장실에 자주 간다며) 자신 같은 사람이 집에 두 명만 있으면 정화조 푸는 날이 빨리 다가올 거라고 한다.	(-)주도성	-1
(화장실에 자주 가는 친구가 술을 더 잘 먹는다고 함) 친구 중 누가 술을 잘 먹는지 등에 관해서 설명한다.	수동성	-1
메뉴에 대한 같은 질문이 반복되자, 처음 들어온 사람이 샷 찍어놓으라고 한다.	공격성	-1
그 이후 어떤 치킨을 더 좋아하는지에 대해서 설명한다.	수동성	-1
먹는 도중 닭 다리를 다시 깔끔하게 배열한다.	주도성	1
자신의 본업은 집에서 노는 뽀로로처럼 끝도 없이 놀고 있다고 함.	(-)주도성	-1
뱃살이 많아서 참치 같기도 하다고 함. 노는 것은 뽀로로처럼 논다고 함.	(-)주도성	-1
본방 너무 좋아서 안 나간다고 하는 시청자에게 친구한테 전화오면 나가야 한다고 대답함.	유머	1
몇인분 먹으면 배부르냐는 시청자의 질문에 답해줌.	수동성	-1

BJ ♠♠ 평가표 예시

BJ ♠♠ 방송내용	평가 내용	점수
(치킨 다리 가족이 다 먹을 때 몇 개나 필요한지에 대한 답변으로) '4인 가족이 치킨 먹으려고 하면 아무리 적게 먹어서 입만 대고 자야지 해도 두 마리는 시켜야죠. 다들 그 정도는 먹잖아요.' 한다.	유머	1
(엄마표 치킨을 먹으려면) '엄마 것은 먹는 방법이 달라요.' (햇반을 BJ 뒤쪽 병정 캐릭터의 문을 열고 꺼내서 전자레인지에 돌린다. 사람들이 병정 캐릭터에서 햇반이 나온다고 신기해하며 다양한 질문을 함)	이벤트	1
당근을 좋아한다는 시청자의 말에 '저도 닭볶음탕의 당근 되게 좋아하거든요. ○○님 나랑 잘 맞네요.'	공감	1
전자레인지에 돌려 뜨거운 햇반을 '달걀 뒤집듯이 한번 뒤집어주면 더 빨리 식어요.'라며 뒤집음. 그러고 나서, '죽기살기로 불어줘야 해요.'라며 호호 불어준다.	주도성	1
'닭 다리의 손잡이 부분을 만들어줘야 드실 때 더 편하죠.' 하며 닭 다리 끝부분을 먼저 먹어 그 부분을 잡고 먹는 시범을 보인다	주도성	1
입안에 가득 넣어 맛있게 먹는다. 하지만 천천히 먹는다.	주도성	1
엄마가 해주신 닭찜에 대해 무한 칭찬을 한다. '우와~ 엄마, 진짜 맛있다.'	주도성	1
콜라를 따면서 화면 가까이에서 캔을 따는 소리를 들려준다. (잠시 시청자들이 집중한다)	주도성	1
엄마, 너무 맛있다고 엄마에게 2천을 통장에 입금하겠다고 방송 중 전화한다. 2천만원 아니고 2천이라고…. (처음 2천이라는 말에 시청자들 반응한다)	이벤트	1
먹으면서 말을 못할 때는 손을 흔들어준다.	공감	1
닭 다리를 세어보고 '닭이 13마리가 죽었어요'라고 채팅창에 말한 시청자에게 '마흔 마리 죽이려다 참은 겁니다.'라고 대답함. 대신 밥을 더 돌려야 할 것 같다면서 전자레인지에 햇반을 더 돌린다.	유머	1

Case 7 정성적 평가로 방송평가를 시작해보자!

평가내용을 보고 '어! 난 생각이 다른데…'라고 생각했다면, 당신이 옳다! 현재 독자와 필자는 칼리브레이션을 진행하지 않은 상태로 둘 다 자신의 주관에 의한 평가가 가능하다. 표의 예시는 그야말로 예시이니 참고하고, 나의 기준이 달랐다면 다르게 기재해보자.

자! 그럼, 분석결과를 보겠다.

BJ △△의 분석결과, 유머 2개, 이벤트 1개, 주도성 6개, 수동성 4개, 공격성 2개가 나왔다. 또, BJ ♠♠의 분석결과는 유머 2개, 이벤트 3개, 주도성 4개, 공감 2개가 나왔다.

정성적 평가의 결과는?

두 BJ의 결과를 표로 그리면 다음과 같다.

내용	유머	이벤트	주도성	주도성 (-)	공격성	수동성	공감	합계
BJ△△	2	1	6	0	-2	-4	0	3
BJ♠♠	2	3	4	0	0	0	2	11

정성적 평가 결과

마이너스적인 항목인 (-)주도성, 공격성, 수동성은 마이너스, 플러스적인 항목인 유머, 주도성, 공감 점수는 플러스로 해서 합계를 내면 BJ △△는 3점, BJ ♠♠는 11점이 나왔다.

그냥 문장으로 읽었을 때와 점수를 산정해 수치화했을 때 어떤 차이점이 있는지 가시적으로 보이는가? 실제로 방송을 보면, 두 BJ의 어투가 그렇게 차이가 나는지 모르겠다고 할 수도 있다. 하지만 어투 하나하나를 평가했을 때 총점은 이렇게나 많은 차이를 보인다. 이것이 정량적 평가가 필요한 이유다. 이렇게 작은 차이가 1인 미디어 방송 세계에서의 BJ의 수명을 결정할 수도 있다.

실제로 여러 개의 영상을 더 분석해봤을 때, BJ △△는 시청자가 묻는 말에 거의 수동적인 답변을 하지만, BJ ♠♠는 그날 주제에 따라 이야기를 이끌어가는 형식으로 먹방을 진행하고 있는 경향성을 보였다. 똑같은 음식에 관한 이야기도 BJ △△는 단답형으로 대답하는 경우가 대부분이었으나, BJ ♠♠는 음식으로 가족의 이야기를 회상한다든지 엄마의 이야기를 꺼내는 등 스토리 텔링의 방식으로 이루어졌다.

둘 중 누가 정답이라고 말하기는 힘들다. 하지만 진행하는 세련미로 봤을 때 BJ ♠♠의 사례가 BJ로서 더 능숙해 보였다.

내 컨셉의 기준으로 평가항목을 설정해 두 BJ의 사례를 평가해보자. 평가결과가 책에 기재되어 있는 것과 어떻게 다른지 비교해보며 나의 컨셉과 평가 기준을 한 번씩 점검하는 연습을 해보자.

Case 8

정량적
평가란
무엇인가?

세계의 기업은
데이터를 어떻게 활용하는가?

32

BJ나 유투버로 활동하면서 나도 모르게 수많은 데이터가 누적된다. 아프리카 TV에서 방송한 뒤 '내 방송국'에 들어가면 누적 데이터를 볼 수 있다. 최고 동시 시청자, 평균 동시 시청자, 누적 시청자, 누적 추천 수, 방송시간, 성별(남), 성별(여), PC, Mobile, 연령대, 시청시간 등 다양한 데이터가 누적된다. 유튜브도 마찬가지다. 유튜브는 특히 분석으로 들어가면, 더 자세한 데이터를 볼 수 있다. 시청 시간, 조회 수, 추정 수익, 성별, 많이 본 지역 등이 노출된다. 이렇게 매일 쏟아지는 데이터를 우리는 빅데이터라고 부른다. 최근 기업의 빅데이터 분석 결과를 기업 운영에 적용한다는 기사가 심심치 않게 나오고 있다. 데이터의 분석은 선택사항이 아닌, 운영에 꼭 필요한 필수불가결한 요소다. 하지만 1인 미디어를 운영하는 우리는 이렇게 쏟아져 나오는 빅데이터를 어떻게 이용할 것인가?

날씨를 파는 기업
더 클라이밋 코퍼레이션
(THE CLIMATE CORPORATION)

빅데이터를 활용한 세계적인 기업의 사례는 생각보다 많고, 생각보다 우리가 많이 접하고 있는 것들이다. 우리가 흔하게 일기장에 적는 날씨를 상품처럼 판매하고 있는 '더 클라이밋 코퍼레이션'을 소개하겠다.

먼저, '날씨'에 대해서 생각하면 어떤 것이 떠오르는가? '비가 내린다', '날씨가 흐리다', '날씨가 좋다' 등 일상적인 날씨에 대한 표현 정도다. 여기에다 기온을 표현하는 '덥다', '춥다'와 습도를 표현하는 '눅눅하다', '건조하다' 등이 있겠다.

기상청에서 매일의 기후자료를 공개하는 항목은 평균기온, 최고기온, 최저기온, 평균운량, 일강수량 이렇게 5가지다. 공개하는 자료만 5가지이지, 하루에 측정하는 항목은 더욱 다양하다. 자세한 것은 기상청 홈페이지 '기상 백과'를 참고하도록 하자. 날씨 하나에도 이렇게 다양한 데이터가 매일 쏟아진다.

이렇게 오픈된 날씨 데이터를 더 클라이밋 코퍼레이션(THE CLIMATE CORPORATION)은 지역별로 자료를 계속해서 수집했다. 그 결과, 매년 뉴욕의 1월 1일 날씨가 누적되어 뉴욕의 1월 1일의 평균 날씨 데이터를 가질 수 있게 된 것이다. 이러한 누적 데이터를 스토리텔링한 것이 이 회사의 상품이다.

이 회사를 보며, 대동강물을 팔았다던 봉이 김선달 이야기가 떠올랐다. 날씨는 누구에게나 제공되는 오픈 데이터다. 다만, 그것을 몇 년 동안 수집했을 뿐인데 그 데이터에 스토리가 생겨난 것이다. 예를 들면, '평균으로 봤을 때 뉴욕의 1월 1일은 기온 25도에 맑은 날씨였다.'라고 말할 힘이 생긴 것이다. 그 힘 뒤에는 누적 데이터가 있다.

더 클라이밋 코퍼레이션의 고객은 다양하다. 농사를 짓는 사람에게는 그 지역의 기후 누적 데이터를 제공하고, '4~5월에는 기후에 맞는 A 농작물을 수확하고 6월부터는 B 농작물을 심으면 강수량이나 기후에 따라 수확이 잘될 것이다.'라며 가상으로 농업에 대한 시뮬레이션을 제공한다.

날씨의 누적 데이터로 성공한 사례는 월마트도 있다. 월마트는 날씨의 빅데이터를 분석해 비가 많이 내리는 시기의 해당 점포에는 입구에 우산이나 우비 등 필요물품을 비치한다든지, 우리나라의 짬뽕과 같이 비 내리는 날 선호하는 음식을 세팅해 판매수익을 30~40%까지 높였다.

더 클라이밋 코퍼레이션의 날씨 데이터

??

원자료[raw data]

실험이나 조사가 진행되는 동안 수집한 원래의 자료로, 새로운 형태로의 전환이나 가공이 되기 전의 최초의 형태를 지닌 자료를 말한다.

출처 : 교육평가용어사전, 한국교육평가학회, 2004.5.31, 학지사

??

로데이터를
모아보자!

33

아무것도 아닌 것 같지만, 매일의 날씨 데이터를 누적시키고 스토리 텔링하면 데이터의 가치가 무한대로 상승한다. 이 세상의 모든 것은 수치화시킬 수 있는 데이터를 가지고 있고, 데이터는 나름의 스토리를 내포하고 있다.

그렇다면 먹방은 어떻게 데이터를 분석하면 좋을까? 아프리카 TV의 BJ가 되면, '내 방송국' 사이트에서 제공하고 있는 데이터의 항목이 있다. 데이터에는 '최고 동시 시청자', '평균 동시 시청자', '누적 시청자', '누적 추천 수', '방송시간', '성별', '연령대', '시청시간' 등이 기재되어 있다. 이렇게 매일 쏟아지는 데이터를 엑셀 파일에 적어놓기만 해도 필요할 때 분석이 가능하다. 정리해놓은 엑셀 파일을 감정노동해결연구소 홈페이지(www.elsi.kr)에 올려놓았으니 번거롭다면 다운반아 사용하도록 하자.

아프리카 TV 내 방송국 로데이터 예시

항목	6/13	6/14	6/28	6/29	6/30	5주차 합계	5주차 평균
최고동시시청자	1	4	2			2	2
평균동시시청자	1	3	1			1	1
누적시청자	4	9	13			13	13
누적추천수	0	4	1			1	1
방송시간	0:08	1:41	1:26			1:26	1:26
방송국방문트렌드(명)	15		2			2	2
검색어 유입 트랜드							
성별(남자)	5		3			3	3
성별(여자)	2		3			3	3
PC	6		1			1	1
Mobile	1		5			5	5
연령대							
10대	0		0			0	0
20대	3		3			3	3
30대	1		3			3	3
40대	2		0			0	0
50대	1		0			0	0
시청시간							
1분	0		4			4	4
10분	2		1			1	1
20분	1		0			0	0
1시간	3		0			0	0
1시간이상	1		1			1	1
별풍선							
초콜릿							

원자료[로데이터 (raw data) 수집]

분석의 기본자료가 되는 것을 원자료, 즉 로데이터라고 한다. 로데이터는 가공되기 전, 즉 분석하기 전의 나열되고 정리된 숫자 그 자체를 의미한다. 날씨를 파는 '더 클라이밋 코퍼레이션'의 사례에서는 매일의 날씨 데이터 자체가 로데이터다. 그것을 잘 누적하고 평균을 내서 의미를 찾아내는 것이 우리가 할 일이다. 어떤 항목에서 스토리가 나올지는 분석을 해봐야 알 수 있다.

예전에 300석 규모의 고객센터를 세팅한 적이 있다. 300석이라는 것은 상담사 좌석이 300석이라는 것이다. 보통의 고객센터는 이직률이 월평균 10% 내외 정도 된다. 하지만 신입사원은 적응률이 떨어져 이직률이 훨씬 높다. 신입사원을 300명 채용하는 것은 만만치 않은 작업이었다. 고객센터가 150석 정도 채용이 됐을 무렵, 갑자기 이직률이 50%에 육박하게 되었다. 신입사원은 매주 채용하는데 나가는 사원도 만만치 않았다. 그래서 이력서에 있는 신입사원의 모든 항목을 정리해보았다. 그러다 발견한 것이 전 직장의 경력이 6개월 미만인 사원은 여기에서도 6개월을 버티지 못한다는 것이었다. 이 자료가 확인된 이후, 아무리 급해도 전 직장의 경력이 6개월 미만인 사람은 채용하지 않았다. 신기하게도 그 이후에는 신입사원의 이직률이 안정되었다. 그로부터 몇 년 뒤, 석사 과정을 밟으며 경영학 논문자료에도 이와 같은 내용이 기재되어 있음을 보고 놀란 적이 있다.

갑자기 시청자 수가 줄어든 이유는?

BJ도 마찬가지다. 하루, 이틀 먹방을 하다 보면 갑자기 시청자 수가 늘어나거나 줄어들 수 있다. 그럴 때 우리는 어떻게 하겠는가? 누적해놓은 로데이터가 있다면 걱정 없다. 무엇이 문제인지 평균값만 내봐도 바로 알 수 있다. 현재 필자는 아프리카 TV의 '감정연구소'로 BJ 활동 중이다. 하지만 시작한 지 얼마 되지 않아 누적 데이터가 없는 관계로 이 책에서는 한 먹방 BJ의 유튜브 자료를 정리해 분석해보기로 한다.

유튜브에서 시청자가 얻을 수 있는 로데이터는 날짜, 조회 수, 제목, 동영상 길이, 상세메뉴 정도다. 제목은 주로 먹방의 주제를 기재했고, 메뉴는 먹방에 나오는 모든 메뉴를 적었다. 수집한 로데이터를 나열하면 다음의 〈먹방 BJ 유튜브 로데이터 예시〉와 같다.

먹방 BJ 유튜브 로데이터 예시

날짜	조회수	제목	메뉴
15/04/12	570,700	81번옥 점보라면 식당깨기 먹방 성공	점보라면
15/04/22	52,489	클쓰피 더즌 8박스 먹방	클쓰피 더즌 8박스
15/05/11	102,908	컵케익20개+케이크2개+호두파이+고구마파이+베이글 먹방	컵케익20개+케이크2개+호두파이+고구마파이+베이글
15/06/15	54,660	종류별 든킨도너츠+롤케익+케이크 먹방	녹차롤케익, ○○도너츠, 미니초코케익, 우유가유유
15/06/23	582,235	라면을 한끼에 17봉지를 다 먹는 먹방	라면20봉, 비빔면, 메밀소바 끓여옴
15/06/25	74,100	케익2판 쿠키가득 초코악마셋트 모카크림빵 먹방	뚜사망고케이크, 초코스무디케이크, 악마초코빙수, 비벼먹는 초코페스츄리, 쿠키세트, 그냥 빵, 우유, 콜피스
15/06/28	256,011	밥12공기부대찌개라면사리먹자 먹방	부대찌개, 공기밥12개, 라면사리 무한리필
15/06/30	380,916	신대방 온정 매운돈까스 도전	온정디진다돈까스, 20분 타임 어택
15/07/01	103,543	초코케익+초코아이스케익+오코과자+초코도넛 초코스페셜 먹방	던킨 초코도넛, 스타벅X 초코마카롱, 스타벅X 초코케익3개, 투더디프런트도쿄롤, 초코과자초콜릿, 초코에몽+흰우유, 베스킨 초코아이스케익, 뚜레쥬X 초코케익
15/07/03	55,523	치즈스페셜 치즈킹+뿌링클+치즈케익+치즈타코+치즈빵 먹방	치즈스페셜, 치즈킹치즈캡, 치즈가루뿌링클, 치즈케이크, 롤링핀치즈빵, 치즈타코야키 30알
15/07/06	38,320	다라이감자탕+공기밥+라면사리 무한리필 먹방	다라이감자탕, 고기만뻐무게까지 5kg, 햇반 무한리필, 라면사리 무한리필, 치즈랑 넣고 볶아먹자
15/07/08	18,446	찜닭+통닭+닭갈비+라면+햇반 먹방	안동찜닭간장맛, 닭갈비3인분+볶음밥, 시장통닭한마리, 푸라면, 공기밥 무한리필
15/07/10	43,125	녹차스페셜 녹차케익+녹차슈+녹차롤케익+녹차식빵 등 먹방	녹차스페셜, 녹차케익, 핫텐도녹차슈, 도지마녹차롤케익, 녹차맛버라이어티팩, 녹차식빵+3종잼, 녹차프라푸치노+자바칩+몽슈슈녹차빵

Case 8 정량적 평가란 무엇인가?

날짜	조회수	제목	메뉴
15/07/11	81,082	신호등치킨 3마리 먹방	후르츠치킨, 메론맛치킨, 딸기맛치킨, 바나나맛치킨
15/07/13	73,848	엽기오뎅+치즈라면 4개+김선생갈비만두 6박+치즈김밥2줄 먹방	바르다김선생, 갈비만두6통, 치즈김밥1줄, 제육김밥1줄, 신라면+치즈라면4개, 엽기오뎅 제일 매운맛
15/07/16	66,587	아웃백스테이크 11 가지 종류 먹방	아웃백그냥다털었음, 11가지 메뉴먹방, 투사케이크, 하핫빨리먹을거임그냥
15/07/20	48,655	시카고피자+스파게티 5인분+티라미수+파니니+리조또 먹방	빼네갈보5인분, 삐져떠3인분, 파니니, 시카고피자, 후식티라노미슈, 이태리특집
15/07/21	23,756	초밥80피스+냉면+나가사키2인분+모밀소바2인분 먹방	초밥80피스, 물냉면한그릇, 소바2인분, 나가사키2인분
15/07/23	17,003	중국요리5가지+짜왕4봉+소바3봉 먹방	찹쌀탕수육, 매운대하볶음, 경장육사, 공보기정, 물만두, 짜왕4봉지, 소바3봉지
15/07/24	53,675	소고기1.5kg+육회600g+곱창전골3인분+밥8공기먹방	소고기 1.5kg, 육회600g, 곱창전골3인분, 햇반8개
15/07/26	80,086	파리방게트+뚱레쥬르 43개 빵 먹방	뚜레쥬르, 파리바게트, 빵43개 먹방, 우유 초코에몽
15/07/26	57,624	세계과자 18종+코스트코치즈케익 먹방	세계과자 18종, 치즈케익, 우유
15/08/06	72,519	fecebook 홍대 디저트 맛집 먹방	홍대유명디저트먹방, 츄로101, 도넛가이즈, 슈케익, 코만스, 슈아브, 파리바게트
15/08/17	178,350	열혈팬과 치킨8마리 먹방	치킨8마리
15/08/23	32,487	아주 맵고 아주 단 여심저격 먹방	엽기오뎅, 모듬고기, 삼겹살, 항정살, 막창, 소고기, 허니콤보치킨, 불닭볶음면3개, 공기밥4개
15/08/24	207,311	스트레스받는 날 아주 매운 음식들 먹방	bhc 맛초크, 치즈볼, 엽기닭도리탕매운맛, 수제버거들, 닭꼬치들, 타코야키매운맛들, 불닭볶음면 캡사추가4봉지, 햇반3
15/08/27	58,640	이태원 과일케이크외 디저트 먹방	과일케이크, 몬스터컵케익, 타르트전문점, 각종도너츠
15/09/04	58,921	소꼬리찜+매운소갈비찜 10인분_밥8공기 먹방	소꼬리찜5인분, 소갈비찜5인분, 공기밥8공기, 음료 쿨피스

Case 8 정량적 평가란 무엇인가?

날짜	조회수	제목	메뉴
15/09/07	203,692	세숫대야 육개장 및 보쌈	육개장5인분, 밥12공기, 원할머니보쌈
15/09/07	100,589	파리크라상 케이크 3판 디저트 먹방	파리크라상, 망고크레이프케익, 특별한 치즈케이크, 요거트 생크림케익
15/09/10	118,743	햄버거 신메뉴와 산더미 분식 먹방	맥도날드 버거 4개, 조스떡볶이 8인분, 뿌링클치킨한마리, 오레오쉐이크와 콜라
15/09/14	82,210	매그놀리아 등 한정판 디저트 먹방	해피필즈, 비스테까, 삼송빵집, 매그놀리아, 삼진어묵, 프랭크, 곤트란쉐
15/09/14	73,553	마장동1++한우 10인분 먹방	마장동'진짜!' 오늘잡은소사옴, 모듬소고기, 육회비빔밥, 한우불초밥, 육회사시미
15/09/19	248,447	킹크랩 랍스터 전복물회 대하 먹방	킹크랩3kg 2마리, 로브스터 3kg 한마리, 대하소금찜수십마리, 전복해산물물회, 가리비해산물라면
15/09/28	156,077	짜장면6그릇+쇼킹한 치킨+닭갈비+볶음밥 먹방	간짜장불짜장해물짜장 2그릇씩, 네네쇼킹핫, 뼈없는닭갈비, 볶음밥
15/10/20	10,597	돼지와 소잡는날 4kg과 면종류들과 디저트 먹방	통삼겹살, 가브리살, 항정살, 갈비살, 불닭면, 물냉면, 비빔냉, 디저트
16/04/21	367,911	피자, 치킨, 스파게티 등 먹방	미스터피자, 굽네치킨, 맘스터치, 롯데리아
16/04/24	209,375	소소하게 치킨 5마리 먹방	BBQ 치킨, 마라핫치킨, 자메이카 치킨, 올리고당 양념, 슈프림양념, 오리지널 레드
16/04/24	1,343,752	아프리카 먹방최고 시청률 기록갱신 먹방 이벤트	4.5kg 괴물랍스타, 자메이카치킨, 스모크치킨, 돈까스 3판, 초밥*2, 우동, 냉모밀, 비빔모밀, 케이크
16/04/25	388,079	한끼식사가 35만원!?	독일족발 '슈바인학센', 성수족발, '서울3대 족발', '미도미참치' 이탈리아왕실디저트

날짜	조회수	제목	메뉴
16/04/26	163,415	배달 카테고리별 음식 먹방(배달 어플에서 시켰어요)	보쌈, 석쇠구이, 피자, 햄버거, 돈까스, 볶음밥, 짜장밥, 김치볶음밥, 짜장면, 치킨, 디저트
16/04/28	137,903	쫄면과 엽떡 점보돈까스 고로케 새우튀김 먹방	엽기오뎅(떡뺌), 새우튀김, 고배고로케, 점보돈까스*3, 봉추찜닭, 주먹밥, 쫄면
16/04/29	170,735	햄버거3개, 치킨3마리 피자2판 먹방	'피자헛'치즈킹 롱베이컨 '맥도날드' 쿼터파운드치즈 불고기버거 '교촌치킨' 허니콤보 '비비큐'시크릿반반(닭가슴살한개먹음) 소이갈릭스
16/04/30	171,803	황제짬뽕이란 어떤걸까 먹방	황제짬뽕, 제육볶음, 닭갈비, 게장, 만두, 칼국수, 시래기밥, 디저트
16/05/12	144,738	농심신상라면과 홍대마약떡볶이 등 먹방	드레싱누들*2, 불닭볶음면, 홍대마약떡볶이, 귀남댁연탄불곱창, 비비큐치킨, 산전석쇠구이, 원할머니보쌈, 디저트, 떡식혜
16/05/22	119,042	6.2kg 킹크랩 먹방	카레돈까스, 소고기초밥, 광어초밥, 상하이짬뽕, 메밀소바, 제육덮밥, 감자고로케, 킹크랩 4kg, 킹크랩 2.2kg
16/05/23	84,587	신상 앵그리버거 4단계 먹방	볼케이토치킨, 딥치즈치킨, 새우치킨, 떠먹는피자*2, 브라우니, 스파게티*4, 리코타치즈샐러드, 직화스테이크피자, 앵그리버거*2, 망고
16/05/24	81,851	스팸에 계란은 최고… 먹방	마약찜닭, 1975보쌈, 리코타샐러드, 깻잎전, 김치전, 스팸계란, 청국장, 육개장, 따로국밥, 제육덮밥, 공기밥*3-5, 악마의 빙수
16/05/26	7,293	너구리 옛날통닭 닭강정 족발 스팸 먹방	너구리*4+밥, 옛날통닭, 스팸계란, 석쇠불고기, 가마로닭강정, 냉채족발, 디저트
16/06/04	102,061	차돌박이 엽떡!? 외 분식 먹방	차돌엽기오뎅(떡없음), 가나점보돈까스, 순대튀김, 새우샐러드, 주먹밥*2, 함박스테이크, 크림맛*2, 토마토맛*1, 디저트망고
16/06/06	51,255	종류별 닭 5마리? 닭스페셜 먹방	소이갈릭스, 자메이카치킨, 시크릿양념치킨, 소금구이, 불닭구이, 닭갈비, 샐러드*2, 디저트

Case 8 정량적 평가란 무엇인가?

먹방 BJ의 유튜브 실적을 분석해볼까?

34

분석이라고 별거 없다. 일단 그래프로 그려보자!

1년 반 정도 되는 분량의 로데이터를 살펴보았다. 눈에 잘 들어오는가? 숫자와 글자가 한꺼번에 섞여 있는 것에서 내용의 요점을 찾아내기 쉽지 않다. '분석'이라고 표현하면, 앞서 소개한 정성적 평가의 '평가'처럼 왠지 거창해 보인다.

하지만 BJ의 실적은 기껏해야 평균, 그리고 그래프가 전부다. '이게 무슨 분석이야?'라고 생각할 수 있다. 앞에서 보여줬던 복잡한 엑셀 파일을 하나의 그래프로 그려낸 것을 보고 나서 계속해서 이야기하겠다.

그래프로 그려보니 어떠한가? 장작 3장의 표로 정리한 데이터가 한눈에 들어오는 것을 볼 수 있다. 표로 봤을 때는 메뉴와 숫자가 너무 많아 눈에 들어오는 것이 거의 없었다. 하지만, 그래프는 전혀 다르게 보인다. 그래프에서 이 BJ는 2015년 4월경 방송을 시작해서 2015년 12월 즈음부터 유투브의 조회 수가 상승하기 시작한 것을 볼 수 있다.

먹방 BJ의 유튜브 먹방 실적 (로데이터)

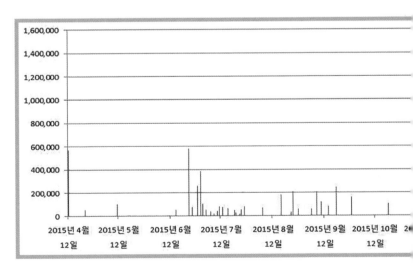

이쯤에서 이 그래프를 보고 다양한 궁금증이 생길 수 있다. 예를 들면, 그래프 중간중간에 조회 수가 눈에 띄게 높은 곳이 있다. '이건 어떤 방송이었을까?'라고 생각할 수 있다. 조회 수가 특히 높은 이 부분의 방송 제목을 그래프에서 노출하면 다음 장과 같다.

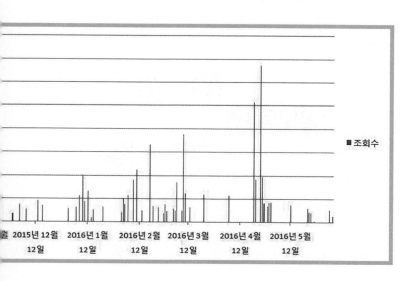

그래프에서 높은 수치를 그리는 부분의 주제를 오픈하니 어떠한가? '점보 라면 식당깨기 먹방', '라면 17봉지 먹방', '신대방 매운 돈까스 도전', '맛짬뽕 10봉지', '중식 만 칼로리 먹방', '치킨 4마리와 10공기 먹방', '치킨 5마리와 밥 8공기 먹방', '편의점 15만원 어치 먹방', '아프리카 최고 시청률 기록갱신 이벤트 먹방'이 있다. 어떤 주제가 시청자의 눈을 현혹하는지 알 것 같은가?

먹방 BJ의 유튜브 먹방 실적 (주제 포함)

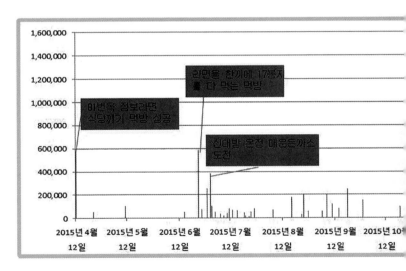

눈에 가장 먼저 띄는 것은 무엇보다 치킨과 라면이
다. 그리고 편의점이나 식당 먹방에 도전하는 이벤트
성 먹방의 호응도가 높았다. 무엇보다 아프리카 최고
시청률을 갱신했다며, BJ가 최고의 메뉴로 진행한 이
벤트 먹방이 최고의 호응을 불러일으켰다.

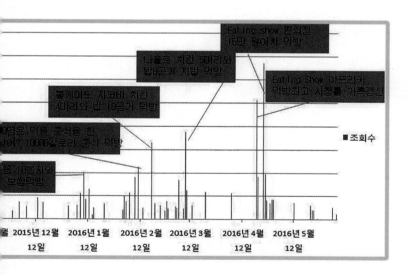

누적 조회 수는 D-day로 분석하자!

하지만 유튜브의 로데이터에는 오류가 하나 있다. 업데이트한 날짜가 모두 다르니, 업데이트한 지 오래된 날짜가 조회 수가 더 많아야 하는 것 아닌가? 업데이트한 날짜를 기준으로 오늘까지 며칠이 지났는지는 앱이나 네이버 검색창의 'D-day' 프로그램을 이용할 수 있으니 참고하자.

이번에는 로데이터인 〈먹방 BJ 유튜브 로데이터 예시〉에서 조회 수를 D-day로 나누어보면 유튜브에서 매일 어느 정도의 호응을 얻었는지 알 수 있다.

로데이터에서 D-Day를 삽입한 편집 데이터는 다음과 같다. D-day는 필자가 계산한 날짜 기준이며, 유튜브에 업데이트된 날짜 기준이므로 중복되는 날짜가 있음을 고려해서 살펴보자.

먹방 BJ 유튜브 로데이터 예시 D-day

날짜	조회수	D-day	조회수/D-day	제목
15/04/12	570,700	431	1,324	81번옥 점보라면 식당깨기 먹방 성공
15/04/22	52,489	421	125	클쓰피더즌 8박스먹방
15/05/11	102,908	402	256	컵케익20개+케이크2개+호두파이+고구마파이+베이글 먹방
15/06/15	54,660	367	149	종류별 든킨도너츠+롤케익+케이크 먹방
15/06/23	582,235	359	1,622	라면을 한끼에 17봉지를 다 먹는 먹방
15/06/25	74,100	357	208	케익2판 쿠키가득 초코악마셋트 모카크림빵 먹방
15/06/28	256,011	354	723	밥12공기부대찌개라면사리먹자 먹방
15/06/30	380,916	352	1,082	신대방 온정 매운돈까스 도전
15/07/01	103,543	351	295	초코케익+초코아이스케익+오코과자+초코도넛 초코스페셜 먹방
15/07/03	55,523	349	159	치즈스페셜 치즈킹+뿌링클+치즈케익+치즈타코+치즈빵 먹방
15/07/06	38,320	346	111	다라이감자탕+공기밥+라면사리무한리필먹방
15/07/08	18,446	344	54	찜닭+통닭+닭갈비+라면+햇반 먹방
15/07/10	43,125	342	126	녹차스페셜 녹차케익+녹차슈+녹차롤케익+녹차식빵 등 먹방
15/07/11	81,082	341	238	신호등치킨 3마리 먹방
15/07/13	73,848	339	218	엽기오뎅+치즈라면4개+김선생갈비만두6박+치즈김밥2줄 먹방
15/07/16	66,587	336	198	아웃백스테이크 11가지 종류 먹방
15/07/20	48,655	332	147	시카고피자+스파게티5인분+티라미슈+파니니+리저또 먹방

날짜	조회수	D-day	조회수/D-day	제목
15/07/21	23,756	331	72	초밥80피스+냉면+나가사키2인분+모밀소바2인분 먹방
15/07/23	17,003	329	52	중국요리5가지+짜왕4봉+소바3봉 먹방
15/07/24	53,675	328	164	소고기1.5kg+육회600g+곱창전골3인분+밥8공기먹방
15/07/26	80,086	326	246	파리바게트+뚱레쥬르 43개 빵 먹방
15/07/26	57,624	326	177	세계과자 18종+코스트코치즈케익 먹방
15/08/06	72,519	315	230	fecebook 홍대 디저트 맛집 먹방
15/08/17	178,350	304	587	열혈팬과 치킨8마리 먹방
15/08/23	32,487	298	109	아주 맵고 아주 단 여심저격 먹방
15/08/24	207,311	297	698	스트레스받는 날 아주 매운 음식들 먹방
15/08/27	58,640	294	199	이태원 과일케이크 외 디저트 먹방
15/09/04	58,921	286	206	소꼬리찜+매운소갈비찜 10인분_밥8공기 먹방
15/09/07	203,692	283	720	세숫대야 육개장 및 보쌈
15/09/07	100,589	283	355	파리크라상 케이크 3판 디저트 먹방
15/09/10	118,743	280	424	햄버거 신메뉴와 산더미 분식 먹방
15/09/14	82,210	276	298	매그놀리아 등 한정판 디저트 먹방
15/09/14	73,553	276	266	마장동1++한우 10인분 먹방
15/09/19	248,447	271	917	킹크랩 랍스터 전복물회 대하 먹방
15/09/28	156,077	262	596	짜장면6그릇+쇼킹한치킨+닭갈비+볶음밥 먹방
15/10/20	10,597	240	419	돼지와 소잡는날 4kg과 면종류들과 디저트 먹방

Case 8 정량적 평가란 무엇인가?

날짜	조회수	D-day	조회수/D-day	제목
16/04/21	367,911	56	6,570	피자, 치킨, 스파게티 등 먹방
16/04/24	209,375	53	3,950	소소하게 치킨 5마리 먹방
16/04/24	1,343,752	53	25,354	아프리카 먹방최고 시청률 기록 갱신 먹방 이벤트
16/04/25	388,079	52	7,463	한끼식사가 35만원!?
16/04/26	163,415	51	3,204	배달 카테고리별 음식 먹방(배달 어플에서 시켰어요)
16/04/28	137,903	49	2,814	쫄면과 엽떡 점보돈까스 고로케 새우튀김 먹방
16/04/29	170,735	48	3,557	햄버거3개, 치킨3마리 피자2판 먹방
16/04/30	171,803	47	3,655	황제짬뽕이란 어떤걸까 먹방
16/05/12	144,738	35	4,135	농심신상라면과 홍대마약떡볶이 등 먹방
16/05/22	119,042	25	4,762	6.2kg 킹크랩 먹방
16/05/23	84,587	24	3,524	신상 앵그리버거 4단계 먹방
16/05/24	81,851	23	3,559	스팸에 계란은 최고… 먹방
16/05/26	7,293	21	347	너구리 옛날통닭 닭강정 족발 스팸 먹방
16/06/04	102,061	12	8,505	차돌박이 엽떡!? 외 분식 먹방
16/06/06	51,255	10	5,126	종류별 닭5마리? 닭스페셜 먹방

이번에는 〈먹방 BJ 유튜브 로데이터 예시 D-day〉를
그래프로 그려보겠다. 앞서 로데이터로 그린 그래프와
어떤 차이가 있는지 살펴보자.

먹방 BJ의 유튜브 먹방 실적 D-day

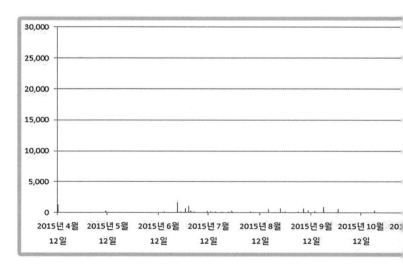

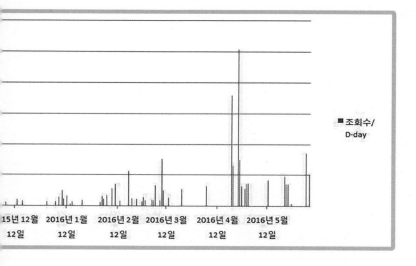

15년 12월 2016년 1월 2016년 2월 2016년 3월 2016년 4월 2016년 5월
12일   12일   12일   12일   12일   12일

■ 조회수/
D-day

〈먹방 BJ 유튜브 로데이터 예시 D-day〉 그래프와 앞서 그린 〈먹방 BJ 유튜브 로데이터 예시〉 그래프는 어떤 차이점이 있는가? 〈먹방 BJ 유튜브 로데이터 예시 D-day〉 그래프에 비해 〈먹방 BJ 유튜브 로데이터 예시〉 그래프는 2015년 12월부터 급격하게 그래프가 상승 곡선을 그리고 있는 것을 볼 수 있다. 앞에서 본 그

먹방 BJ의 유튜브 먹방 실적 D-day (주제포함)

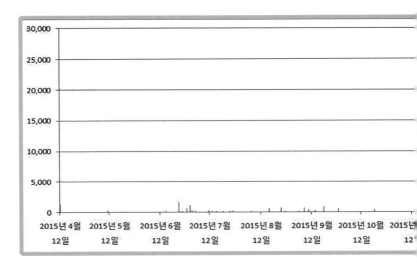

래프 보다 훨씬 더 가시적으로 보기 쉬워졌다는 느낌이
드는가? 그렇다면 이번에는 〈먹방 BJ 유튜브 로데이터
예시 D-day〉의 그래프에서도 높은 호응을 보인 날짜의
주제를 기재해보자.

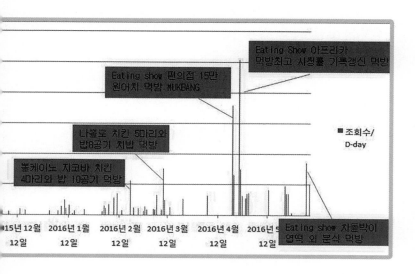

높은 수치가 나왔던 먹방 주제는 '치킨 4마리와 밥 10공기', '치킨 5마리와 밥 8공기', '편의점 15만원 먹방', '아프리카 먹방 최고 시청률 기록갱신 먹방', '차돌박이 엽떡 외 분식 먹방'이 있다. 앞의 3개의 주제는 〈먹방 BJ의 유튜브 먹방 실적(주제포함)〉과 같고, '차돌박이 엽떡 외 분식 먹방'은 새롭게 나온 주제다. 또, 앞에서는 라면 먹방이 있었지만, D-day로 나누어보니 라면은 없어지고 치킨이 나왔다.

이렇게 그래프로 그려보면 다양한 스토리를 확인할 수 있으며, 자료를 의미 있는 숫자로 나누거나 평균을 내면 좀 더 의미 있는 데이터를 얻을 수 있다. 결국, 먹방에서 사람들이 선호하는 주제는 라면이나 혹은 치킨, 분식이며, 그 이외에 신선한 먹거리를 찾고 있다는 것을 편의점 먹방 분석에서 볼 수 있다.

먹방 BJ라면
꼭 알아야 할
메뉴 선정 TIP!
35

먹방을 준비하는 BJ라면 꼭 알아두어야 할 것이 있다. 이 BJ는 앞서 로데이터에서도 나와 있지만, 이벤트성 먹방을 많이 시행했다. 예를 들어, '멕시코 전통 음식 10인분 먹방'과 같이 다른 나라의 요리나 '백종원', '생활의 달인' 등 TV에 소개된 음식을 주제로 먹방을 진행한 것이다. 하지만 그런 경우 호응이 그렇게 크지 않았다. 또 다른 BJ는 최고급 호텔 먹방을 진행하기도 했으나, 조회 수가 다른 먹방에 비해 상당히 낮았다.

사람들은 '내가 아는 맛'을 BJ가 맛있게 먹어주기를 원한다는 것을 분석하면서 알게 되었다. 그중 강렬한 맛인 라면이나 치킨이 가장 호응이 컸으며, 메밀이나 냉면, 초밥과 같이 찬 음식의 호응은 따뜻한 음식에 비해 낮았다. 또한 디저트 먹방의 호응도 주식을 먹는 먹방보다 대체적으로 낮은 조회 수를 기록했다.

그렇다면, '편의점 먹방은 왜 호응이 높은가?'라고 생각할 수 있다. 실제로 편의점에는 마트에 판매하지 않는 음식도 판매하기 때문에 내가 알지 못하는 맛이 있을 수 있기 때문이다. 이것은 편의점에서 판매하는 먹어보지 못한 과자나 음식을 구경하는 심리가 작용했다고 본다. 다른 나라 음식이나 호텔 음식과 다른 점은 편의점은 지금 당장에라도 달려가서 누구나 쉽게 이용할 수 있는 곳이라는 점이다. 동네 골목마다 하나씩 있는 것이 편의점이 아닌가? 즉, 진입장벽이 높지 않은 음식에 대한 먹방, 자극적인 향이 있어 식욕을 자극하는 음식에 대한 먹방이 전체적으로 호응이 높은 것으로 조사되었다.

한 가지 고려해야 할 점은 멕시코 음식과 같은 다른 나라의 음식을 소개하는 먹방에서 BJ가 음식에 대한 상식이 없어 본인도 생소한 것을 먹는 것처럼 방송했다는 것이다. 만약에 음식에 대해 좀 더 공부하고 알려주는 것으로 방송을 진행했다면 호응이 달라졌을 수도 있겠다는 생각이다. 또 하나는, 이것은 유튜브의 로데이터만으로 분석한 자료이기 때문에 생방송으로 진행되는 아프리카TV에서의 호응과 같지 않을 수 있다는 것이다.

BJ

Broadcasting Jockey

Part 4

알아두면 유용한 팁!

Case 9

시청자가
원하는
것은
무엇일까?

시청자가 원하는 것은 오락? 휴식? 상호작용?

36

인기 있는 BJ의 경우, 몇 천 명의 시청자와 함께 한다. 수천 명의 사람과 소통한다는 것은 쉽지 않다. 한 먹방 BJ는 방송하면서는 밥을 여유 있게 먹기 힘들다고 말했다. 이 말은 채팅창에 그만큼의 에너지를 쏟는다는 의미일 것이다. 아프리카 TV를 이용하는 동기에 대한 연구결과, 시청자들은 오락과 휴식 그리고 타인과의 상호작용을 원해서 아프리카 TV에 접속한다고 했다. 결국, 쉬고 놀려고 왔지만, 일단 방송에 들어오면 시청자는 BJ와의 교감을 원한다. 그러한 목적으로 BJ에게 별풍선과 초콜릿과 같은 유료 아이템을 선물하는 것이 아닐까? 수천 명의 사람 중 BJ와 자신의 교감을 원하는 것이다. 이렇게 나만 바라보고 있는 수십에서 수천 명에 이르는 사람들과 어떻게 하면 상호작용할 수 있을 것인가?

우리는 이미 컨셉을 정하면서 시청자와 어떻게 상호 작용할 것인가에 대해 답을 구해놓았다. 컨셉은 시청자와의 교감의 형태나 다름없다. 예를 들어, 개그맨 유재석과 출연자와의 교감 방법과 박명수와 출연자와의 교감 방법은 다르다. 박명수의 컨셉은 '버럭'하는 컨셉이다. 이것도 상호작용의 방법이다. 상냥하고 친절하게 공감하는 것만이 상호작용이 아님을 분명히 말하고 싶다. 나의 컨셉을 잊지 말고 상호작용할 수 있도록 하자!

상호작용을 위한 진정한 '공감'은 어떻게 표현하는가?

37

공감(empathy)이란 남의 감정, 의견, 주장 따위에 대하여 자기도 그렇다고 느끼는 것, 또는 그렇게 느끼는 기분을 의미한다. 내 감정은 비우고 상대방을 이해하는 것이다. 즉, 시청자가 지금 무엇을 생각하는지, 느끼는지, 원하는지, 경험하는지에 대한 접근이 핵심(key)이다.

공감표현 중 상대와 만난 초기 단계에 사용 가능한 기법으로 감정반영이 있다. 감정반영은 상대방의 감정을 명확히 파악하는 것을 포함하여 상대방의 진술을 다시 반복하거나 재진술하는 것이다.

예를 들어, 앞서 정성적 평가에서 BJ의 표현 중 하나를 가져와보겠다. 닭볶음탕을 먹고 있는 BJ를 보고, 시청자가 채팅창에 닭볶음탕에 들어 있는 당근을 좋아한다고 적었다. BJ는 그 채팅창을 보고 먼저 시청자의 말을 읽는다. 그 후에 '저도 닭볶음탕의 당근 되게 좋아하거든요.'라고 시청자의 말을 그대로 다시 감정반영을 해주고 있다. 뒤에 'OO님 저랑 잘 맞네요!'라며 자신의 긍정적인 느낌까지 표현한다. 이런 표현은 시청자와 교감하는 매우 수준 높은 공감표현이다.

이런 표현은 채팅창에 조금만 신경을 써도 가능한 표현들이 무궁무진하다. 질문에 대한 답변만 수동적으로 하는 것이 아니라, 시청자와 교감하는 것이다. 1인 방송을 보면, 톡톡 튀는 아이디어의 채팅 글이 다양하게 올라온다. 다양한 채팅 글에 공감하며, 감정반영 할 수 있도록 연습해보자.

감정반영 연습

시청자   라면에 터트려 먹으면 맛있는데…

OO BJ   시청자님, 라면에 계란 터트려 먹으면 맛있다고요? 라면에 계란 터트려 먹으면 맛있죠. 노른자의 고소함이 라면에 배어들어 라면 맛이 부드러워지더라고요.

님! 취향 저격!

공감 [empathy]이란?

남의 감정, 의견, 주장 따위에 대하여 자기도 그렇다고 느낌, 또는 그렇게 느끼는 기분

(내 감정은 비우고 상대방을 이해하는 것)

동감 [sympathy]이란?

어떤 견해나 의견에 같은 생각을 가짐, 또는 그 생각.

감정반영이란?

상대방의 감정을 명확히 파악하는 것을 포함하여 상대방의 진술을 다시 반복하거나 재진술함

새롭고
신선한 주제를
고민하라!

38

편의점 먹방이 폭발적인 호응을 얻은 것처럼 시청자들은 항상 새로운 것을 원한다. 1인 미디어를 이끌어 갈 우리는 항상 새로운 것을 연구해야 한다.

이런 흐름은 소비자(consumer)를 다양한 용어로 재탄생시켰다. 모디슈머(modisumer)는 제품을 제조사에서 제시하는 표준방법대로 따르지 않고 자신만의 방식으로 재창조해내는 소비자를 의미한다. 또, 평범한 제품에 변화를 더해 새로운 제품으로 진화시키려는 소비자인 메타슈머(metasumer), 소비자 개인의 만족뿐 아니라 사회 전체의 혜택을 위해 의견을 제시하는 소비자인 소셜슈머(socialsumer), 다른 사람의 사용 후기를 참조해 상품을 구입하는 트윈슈머(twinsumer) 등이 우리 사회의 신소비계층으로 부상하고 있다.

이 책에서는 모디슈머(modisumer)에 대해서 다루려고 한다. 모디슈머의 대표적인 사례가 MBC 예능 〈아빠! 어디가?〉의 출연자가 끓여 먹어 화제를 모은 짜파게티와 너구리의 합작 짜파구리다. 당시 짜파구리는 폭발적인 반응을 일으켜 불닭볶음면과 짜파게티의 합작 불닭게티, 골뱅이와 비빔면의 합작 골빔면 등 수많은 모디슈머 제품을 쏟아냈다. 먹방에서 모디슈머를 잘 활용한다면 편의점 먹방의 호응을 얻을 수 있을 것이다.

모디슈머 제품을 선보이고 있는 예능 프로그램이 '맛있는 녀석들'이다. 이 프로그램에서는 맛집을 보여주고, '한 입만'이라는 코너를 이용해 엽기적인 먹방도 선보이고 있다고 했다. 여기에 맛집에서 더 맛있게 먹는 방법, 기존에 판매되고 있는 제품과 제품을 합쳐 더 맛있게 먹는 Tip을 공유하고 있다. 예를 들면, 편의점 먹방에서 설렁탕 라면에 순대나 만두를 넣어서 먹고, 부대찌개가 먹고 싶으면 김치찌개라면에 치즈가 들어간 햄과 스팸과 두부를 사서 넣는 것이다. 편의점에는 필요한 대부분의 음식이 있으니, 대체할 수 있는 것을 찾아 넣고 전자렌지에 돌리는 것이다. 돈가스 도시락에 3분 카레나 3분 짜장을 부어 먹기도 하며, 커피 프라

페 위에 카라멜맛 팝콘을 부어 먹기도 한다.

모디슈머 제품은 먹방에서 자주 등장한다. 한 BJ는 남은 치킨을 냉동실에 모아두었다가 발라내어 다양한 스파게티 소스와 요리해 코스별로 소개하기도 했다. 〈먹다 남은 치킨을 모디슈머한 음식 사례〉는 남은 치킨과 함께 양파와 케첩을 넣어 볶고, 밥 위에 모차렐라 치즈를 녹여 양상추와 함께 곁들인 것이다.

이것은 먹방에만 해당하는 것은 아니다. 모든 방송에 적용할 수 있다. 방송 주제에 따라 다양하고 신선한 나만의 모디슈머 제품을 만들어보자.

먹다 남은 치킨을 모디슈머한 음식 사례

Case 10

알아두면
유용한
저작권!

주의해야 할
저작권
39

유투버의 수익창출에 대해 블로그를 찾아보면, 구글로부터 저작권 침해 경고를 받았다고 하는 글을 심심치 않게 볼 수 있다. BJ나 유투버는 1인 미디어 방송을 하는 직업이다. 즉, 방송이라는 노동을 통해 수익을 창출하는 것이 목적이다. 먹방처럼 자신이 콘텐츠를 만들어서 방송하는 경우 저작권은 BJ나 유투버가 갖게 된다. 아프리카 TV의 이용약관에도 "회원"의 "콘텐츠"에 대한 저작권은 저작자 본인이 보유한다고 기재되어 있다. 하지만 춤방이나 겜방을 진행하면서 타인의 콘텐츠, 즉 게임이나 음악을 수익창출을 목적으로 사용하는 것은 저작권 침해 논란의 여지가 있다.

2012년 BJ 소닉의 겜방에서 스타크래프트 결승전을 앞두고 블리자드 측이 저작권 관련해 문제를 제기했다. 결국, 블리자드 측의 배려로 라이센스를 얻어 결승

전은 진행되었지만, 이 사례는 게임 콘텐츠를 BJ나 유투버가 사용하는 것은 저작권 침해의 여지가 있다는 것을 시사하고 있다. 하지만 이후 스타크래프트2가 출시된 후에도 국내에서 블리자드가 외면을 받으면서 인기가 하락해 현재 게임회사들은 게임의 홍보를 목적으로 이를 묵과하고 있다.

BJ와 유투버는 개인이 기획·제작·촬영을 하며, 동시에 방송에 출연 및 진행할 뿐 아니라, 방송설비를 갖추고 영상물을 송신하기까지 한다. BJ와 유투버는 이렇게 저작권자 또는 실연자로서의 지위를 갖는다. 실연자란, 저작물을 연기·무용·연주·가창·구연·낭독 그 밖의 예능적 방법으로 표현하거나 저작물이 아닌 것을 이와 유사한 방법으로 표현하는 실연을 하는 자를 말하며, 실연을 지휘, 연출 또는 감독하는 자를 포함한다. BJ와 유투버는 개인이 기획·제작·촬영을 하며, 방송에 출연하고 진행할 뿐 아니라, 방송설비를 갖추고 영상물을 송신한다.[10]

---

10) 출처 : 인터넷 개인 게임방송과 저작권, 연세대학교, 심성우, 2014

하지만 일부 인기 BJ의 경우를 제외하고는 BJ의 수입이 낮은 사례도 있어 저작권 위반에 대한 법률적인 문제는 일률적으로 적용하기 어려운 상황이다. 국내에서는 블리자드의 경우와 같이 기업의 이미지를 고려해 음악이나 방송에서 저작권을 주장하여 사용을 중단시키는 사례는 아직 많지 않다. 그러나, '아프리카 TV'의 이용약관을 살펴보며, 저작권 관련해서 정확하게 숙지하고 방송하도록 하자.

아프리카 TV 이용약관 제24조 지적재산권 3항[11]

③ "회원"의 "콘텐츠"에 대한 저작권은 원래의 저작자가 보유하되, 본 약관이 정하는 바에 따라 "회사" 혹은 "회사가 지정한 자"에게 "콘텐츠"에 대한 사용 권한을 부여합니다. "회사"가 "회원"의 "콘텐츠"를 사용하는 용도와 방법은 아래와 같습니다.

(i) "회원"이 "서비스"에 제공한 "콘텐츠"를 타 회원

---

11) 출처 : 아프리카 TV 홈페이지 이용약관

기타 이용자가 시청하도록 함.

(ii) "회원"이 "서비스"에 제공한 "콘텐츠"를 "회사"나 타 회원 기타 이용자가 녹화/편집/변경하여 새로운 콘텐츠로 제작한 다음 이를 "서비스"의 타 회원 기타 이용자들이 시청하게 하거나, 또는 "회사"의 제휴사에 제공하여 그 이용자들이 이를 시청할 수 있도록 함.

(iii) "회원"이 "서비스"에 제공한 "콘텐츠"를 "회사"가 저장한 후 이를 VOD 등의 다시보기 서비스로 "서비스" 회원 기타 이용자들이 시청할 수 있게 하거나, "회사"의 제휴사에 제공함으로써 제휴사가 그 이용자들에게 스트리밍 또는 VOD 등의 다시보기 서비스로 시청할 수 있게끔 함.

저작권침해여부
확인하기
40

저작권 침해 관련해서 통보를 받을 수 있다. 유튜브 같은 경우, 일단 주의를 필요로 하는 메일을 보내고, 해당 동영상에 대한 수익창출이 정지된다. 영상 내용에 대해 출처가 있다면 저작권 소유자에 대한 출처를 기본적으로 표시해야 하며, 저작권 침해 동영상은 수익창출에 사용하지 않아야 한다.

그런데도 불구하고 다양한 저작권 침해에 관한 사례가 있을 것이다. 다음은 저작권 관련해서 상담할 수 있는 사이트다. 그러나 여기에서도 상담만 진행해줄 뿐, 상담에 관한 결과의 책임은 본인에게 있다는 것을 고려해 결정하도록 하자.

??

한국저작권위원회

http://www.copyright.or.kr/

무료변호사 상담 제공

T 02.2669.0010

한국저작권위원회의 저작권 신고포털

http://www.copy112.or.kr/

한국음악저작권협회

https://www.komca.or.kr/

T 02.2660.0400

저작권보호센터

http://www.cleancopyright.or.kr/

T. 1588-0190

??

Case 11

수많은 메뉴 중
가장 많은
메뉴 찾기!
R-프로그램!

먹방 메뉴를
알려주는 R-프로그램
41

먹방 BJ야말로 매일같이 하는 고민이 이것이다. '오늘 뭐 먹지?' 아줌마들이 매일 하는 고민과 같다. '오늘 저녁 뭐 해 먹지?' 앞서 먹방 메뉴는 전략적이어야 한다고 했다. 하지만, 메뉴 선정을 내가 창의적으로 하는 것도 있지만, 대중이 선호하는 메뉴도 있을 것이다. 비가 내리는 날이면, '국물 있는 음식을 먹을까?' 아니면 '파전에 막걸리를 먹어야 할까?' 고민되는 것은 당연하다.

앞에서 진행한 정량적 분석에서 엑셀 파일의 대부분은 숫자가 아닌 글자였다. 그렇다면, 우리가 메뉴는 어떻게 해석하면 좋을까? 저 수많은 글자를 어떻게 눈에 다 담을 것인가? 이것의 목적으로 R-프로그램을 간단하게 소개하려고 한다. R은 오픈 소스 프로그램으로 연관어를 검색하면 '빅데이터'가 가장 많이 나온다. 통계/데이터 마이닝 및 그래프를 위한 언어로 빅데이터 분석을 목적으로 주목받고 있다.

먼저 R-프로그램을 다운받도록 하자. 오픈 소스이기 때문에 홈페이지(www.r-project.org)에서 바로 다운로드가 가능하다. 본인의 컴퓨터 사양에 맞는 프로그램을 설치하도록 하자. R-프로그램은 예전 DOS 시절과 같이 명령어를 하나하나 쳐서 이용이 가능한 프로그램이다. 이런 불편함을 보완하기 위해서 나온 것이 R-Studio다. R-프로그램을 먼저 설치 후, R-Studio(www.rstudio.com)를 설치해야 한다. R-Studio를 이용하면 명령어의 맨 앞자리만 쳐도 관련 명령어가 모두 나와서 마우스로 클릭하기만 하면 된다.

R-프로그램 다운받기

R-Studio를 설치하면, 다음과 같은 페이지가 나온다.

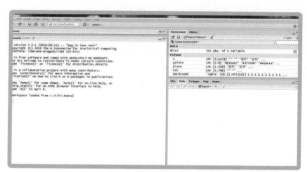

R-Studio

이 책에서는 R-프로그램을 두 가지 이유에서 이용하기로 한다.

첫째, 먹방 진행 후 어떤 메뉴를 가장 많이 먹었는가에 대해 알아본다.

둘째, SNS를 통해 사람들이 오늘 어떤 메뉴를 가장 많이 먹었는지에 대해 알아본다.

먹방을 중심으로 작성하기 때문에 메뉴로 말했지만, 각자 방송 주제에 따라 검색어를 사용하면 될 것이다. 또한, 여기에서는 R-프로그램을 알려주는 것이 목적이 아니므로 여러분이 얻을 수 있는 자료를 최대한 빠른 시간에 얻을 수 있는 방법만 안내하겠다.

내가 방송에서 가장 많이 먹은 메뉴는?

42

메뉴를 알고 싶은 로데이터 찾기!

분석을 위해서는 데이터가 있어야 한다. 분석의 밑바탕이 되는 로데이터를 만들어야 한다. 내 메뉴 중 가장 많이 먹은 메뉴를 보려고 한다면 엑셀 파일에서 메뉴만 따로 복사해 메모장에 저장하면 된다. 이때 파일명은 한글보다 영문으로 하는 것이 오류가 덜하니 참고하자.

SNS를 통한 자료를 수집하는 것이라면, NAVER의 '실시간검색'을 이용해도 좋다. 대중이 SNS에 올리는 글을 실시간으로 반영하는 검색창으로 '점심' 또는 '저녁'이라고 치면 해당 단어가 포함된 모든 글이 검색된다. 이 글을 최대한 많이 긁어서 메모장에 저장하면 된다. 검색어를 점심이나 저녁으로 하는 경우, 메뉴가 생각보다 많이 올라오지 않으므로 좀 더 구체적인 단어를 사용하도록 하자.

R-프로그램 시작하기!

이제 로데이터가 저장되었으니 데이터를 R-프로그램으로 돌려보겠다.

아래 명령어를 순서대로 입력한다. 명령어 중 'lunch.txt'는 내가 저장한 로데이터의 파일명이다. 파일명이 다르다면, 'lunch.txt' 대신 파일명을 기재하면 된다. 그리고, 'lunch_2.txt'는 분석한 결과를 저장할 파일명이며, c:/r/p는 로데이터 파일이 있는 위치를 의미한다.

다음 명령어를 순서대로 입력해보자.

```
setwd("c:/r/P")

install.packages("KONLP")

install.packages("wordcloud")

library(KoNLP)

library(wordcloud)

useSejongDic()

txt<-readLines("lunch.txt")

place<-sapply(txt,extractNoun,USE.NAMES =
F)

place#list

head(unlist(place),30)

c<-unlist(place)

place<-Filter(function(x){nchar(x)>=2},c)

write(unlist(place),"lunch_2.txt")

rev<-read.table("lunch_2.txt")

nrow(rev)

wordcount<-table(rev)

head(sort(wordcount,decreasing = T),200)

library(RColorBrewer)
```

```
palete<-brewer.pal(9,"Set1")

wordcloud(names(wordcount),freq =
wordcount,scale = c(5,1),rot.per=0.25,min.freq =
1,

+ random.order=F,random.
color=T,colors=palete)
```

명령어의 내용은 대략 이렇다. c:/r/p의 위치를 각인 시키고, 한국어를 인식할 수 있는 KONLP와 명령어를 인식할 수 있는 Wordcloud 패키지를 불러온다. 각각 의 패키지를 설치하고, 세종사전(SejongDic)을 인식하 게 한다. 'lunch.txt'의 자료를 인식시키고, 가장 빈도수 가 높은 단어를 인식시켜서 노출하는 과정이다. 참고로 head(sort(wordcount,decreasing = T),200)에서 200의 숫자는 변형시킬 경우, 결과에 노출되는 값이 조금씩 다르므로 숫자를 올려보기도 하고 내려보기도 하면서 결과값을 산출해보자.

5분 속성으로 우리는 R-프로그램을 이용해 내가 가장 많이 먹은 메뉴를 분석할 수 있게 되었다. 필자의 로데이 터는 앞에서 유튜브의 먹방 BJ의 메뉴로 진행되었다.

먹방 BJ 유튜브 메뉴분석 1

Case 11 수많은 메뉴 중 가장 많은 메뉴 찾기! R-프로그램!

결과값은 이와 같이 노출된다. 먹방의 최근 흐름은 주메뉴를 먹고, 시청자와 담소를 나누며 디저트 타임을 갖는다. 그래서 매일 메뉴에 디저트가 포함되어 있기 때문에 디저트가 제일 크게 나온 것이다. 이외에는 삼겹살, 소고기, 족발, 육회, 닭갈비, 탕수육, 보쌈 등 육식이 주를 이루고, 이어서 초밥, 게장, 도미 등 회가 나온다. 그리고 군만두, 짜장면, 볶음밥, 짬뽕 등 중식과 비빔, 불닭면, 우동, 오뎅 등 분식이 뒤를 이었다. 이 BJ는 채소를 먹지 않기로 유명하다. 무서울 정도로 고기만 먹는다. 그리고 회를 좋아한다. 좋아하는 메뉴가 가장 크게 노출된 것을 확인할 수 있다.

그렇다면, 이번에는 노출 값을 변경시켜서 결과값을 보도록 하겠다.

head(sort(wordcount,decreasing = T),200)에서 200이라는 숫자를 높이면 결과값이 많이 나온다. 마찬가지로 줄이면 결과값이 줄어든다.

〈먹방 BJ 유투브 메뉴 분석 2〉 그림을 살펴보자.

먹방 BJ 유튜브 메뉴 분석 2

　〈먹방 BJ 유튜브 메뉴분석 1〉보다 노출 값이 더 적어
진 것을 알 수 있다. 이렇게 노출 값을 적당히 변경시켜
나와 다른 BJ의 메뉴가 어떻게 다른지 눈으로 바로 확
인할 수 있다. 숫자를 적당히 조절해서 내가 원하는 값
을 얻어보자.

Case 12

BJ, 유투버도
전문직이다

BJ, 유투버에게도
직업의식이
필요하다

43

이 책을 집필하기 시작하면서부터 매일 아침 헤드라인에 뜬 '아프리카 TV'와 '유튜브'를 검색했다. 싸이처럼 세계적으로 사랑받는 연예인이 아닌, 1인 미디어 방송을 하는 BJ나 유투버에 관련된 긍정적인 뉴스는 아직 많지 않다. 그보다는 좀 더 선정적이며, 문제가 가시화된 기사가 더 많았다. 직업의 사전적 의미는 '생계를 유지하기 위하여 자신의 적성과 능력에 따라 일정한 기간 계속하여 종사하는 일'이다. BJ와 유투버로 활동하며 그 수입으로 생계를 유지하려 한다면, 분명 당신은 BJ와 유투버가 직업이다.

하지만 집에서 혼자 하는 일이다 보니 아직 직업으로 인식하지 못하고 부업 정도로 생각하는 경향이 더 많아 보인다. 실제로 인기를 어느 정도 얻고 있는 BJ의 방송에서도 이 방송을 언제까지 할 수 있을지 모르겠다는 말을 쉽게 들을 수 있다. 특히 먹방을 장기적으로 하게 된 BJ들은 몸무게 증가, 소화불량, 위염 및 장염, 턱관절 장애 등 신체적인 문제를 호소하고 있다. 이것은 먹방을 컨셉이 아닌 많이 먹고, 자극적인 것을 먹는 것으로 보여주려는 경향에서 온 결과라 할 수 있겠다. 처음에 소개한 먹방계의 신화라고 불리는 여자 BJ는 이제 30대 후반의 나이가 되어 왕성하게 먹던 예전과는 식욕이 달라졌다. 하지만, 아직도 먹방을 하고 있다. 그녀는 자극적이고 많이 먹는 것이 아닌, 이야기를 나누며 편안하게 코믹한 분위기로 컨셉을 바꿨다. 그녀는 솔직하게 예전처럼 먹지 못한다고 고백한다. 그녀가 아직도 베스트 BJ에 들어가는 걸 보면, 시청자는 그녀가 예전과 같지 않은 현재 상황을 숨기고 더 많이 먹는 것을 원하는 것은 아닌 듯하다.

나에게 쉬는 시간을 주자!

수많은 연구결과에서 밤과 낮이 바뀌어 생활해야 하는 직업을 가진 사람들의 수명이나 건강에 대한 위험을 경고하고 있다. 먹방 BJ는 대체로 저녁부터 활동을 시작해 다음 날 새벽이 되어서야 일이 끝난다. 거기다 과식은 기본이다. 먹방을 즐겁게 하기 위해서 주기적으로 쉬어야 한다.

IMF로 외환위기가 오면서 필자의 한 지인은 생애 처음으로 자영업을 해야겠다고 결심하고, 가장 만만해 보였던 삼겹살집을 개업했다. 그야말로 평범한 삼겹살집이었다. 위치가 번화가도 아니었고, 특별히 맛있지도 않은 정말 평범하기 그지없는 가게였다. 지인은 적응 기간이 있어야 한다며, 쉬는 날 없이 계속해서 문을 열었다. 손님이 없는 주말에도, 장사가 제일 안되는 월요일 저녁에도 가게문은 항상 열려 있었다. 8개월 쯤 되었을 때, 지인이 병원에 입원하면서 쓸쓸했던 가게를 다른 사람에게 넘겼다. 지금도 그녀는 그때 가게가 막 안정되어갈 무렵이었다면서 억울해한다. 하지만, 지금 생각해도 8개월 동안 쉬는 날 없이 가게 문을 연 것은 그녀의 욕심이었다.

먹방도 마찬가지다. 앞에서 언급했지만, '오늘 먹방을 하면 최소한 얼마를 벌 수 있는데…'라고 생각하면 끝이 없다. 우리는 왜 일하는지에 대해서 스스로 물을 수 있어야 한다.

'왜 일하지?'

'왜 돈을 벌지?'

혹자는 행복하기 위해서라고 대답한다. 하지만, '행복이 뭐예요?'라고 다시 물으면 대답은 천차만별이다. '명품 가방을 사는 것', '남자친구와 맛있는 저녁을 함께하는 것', '여행 가는 것', '가족과 대화시간을 갖는 것'…. 행복에 대해 많은 사람들의 이야기를 듣다 보면, 결국 행복은 나를 위한 것이다. 나를 위해서 하는 먹방을 즐길 수 있도록 주기적으로 나에게 시간을 주자! 오늘 쉬고 내일 오면 나의 팬클럽이 어디로 가버릴 것 같은 불안감은 떨쳐버리고, 쉴 때는 편하고 그야말로 즐겁게 쉬어야 한다. 그래야 다시 전력투구할 에너지가 축적된다.

분석해보면 시청자 수가 가장 적은 요일이나 시즌이 있을 것이다. 예를 들어 매월 둘째 월요일이나 수요일, 혹은 월로 따지면 휴가철인 8월이나 1월 등 자료가 나올 것이다. 그럴 때 나도 휴가를 가고, 나도 쉬도록 노력하자! 일주일에 한 번은 방송이 아닌 편안한 친구와의 대화도 필요하고, 1년에 한 번은 아무것도 하지 않고 쉬는 시간이 필요하다. 이것도 한때라며 무리하는 사람은 이 시장에서 더 빨리 없어질 수 있음을 명심하자!

덜 힘들고, 더 행복하게 일하기 위해서 앞에 언급한 컨셉이나 분석, 평가가 필요한 것이지, 더 힘들고 덜 행복하다면 모든 것이 무슨 의미가 있겠는가? 이제 억대 연봉의 BJ와 유투버가 쟁점이 되면서 새로운 직업으로 주목받고 있다. 1인 미디어 방송에 대해서 영화나 연극과 같이 관객이 있는 자신의 창조물임을 인식하고, 스스로 그 창조물에 대한 책임감과 함께 직업적인 자부심을 고취해나가야 할 것이다.

참고문헌

- 감정노동(노동은 우리의 감정을 어떻게 상품으로 만드는가), 앨리 러셀 혹실드, 이매진, 2009

- 감정노동에 대한 문제점과 해결책(4대금융지주회사)

- 관광·레저연구 제23권 제3호(통권 제58호)

- 임상미술치료의 이해, 김선현, 2006

- KRIVET Issue Brief, 2013, 26호

- 직업사전 비교를 통한 국내외 직업구조분석−한, 미, 일 3국을 중심으로

- 시사상식사전, 박문각, 2014

- 인간의 모든 감각, 최현석, 서해문집, 2009

- 직장 내 괴롭힘과 프랑스 노동법, 조임영

- 헤럴드경제, 2008. 12. 17

- 상담심리 가이드북, 이장호, 김현아, 백지연, 북스힐, 2011

- 재미있는 심리학, 박천식, 이희백, 한수미, 교육과학사, 2014

- 잡코리아, 기혼 직장인 대상 '시월드 vs 처월드 인식' 조사

- 청소년 감정코칭, 최성애, 조벽, 해냄, 2012

- HRD 용어사전, 2010. 9. 6

- 에니어그램의 지혜, 돈 리처드 리소, 러스 허드슨, 한문화, 2015

- 나를 사랑해도 되겠습니까?, 박선영

● 뉴욕의 춤꾼 가브리엘 로스의 춤 테라피, 가브리엘 로스, 리좀, 2005

● 엽기의 미학적 개념화를 위한 탐색, 고려대학교, 최애영, 2008

● 인터넷 개인 게임방송과 저작권 -아프리카TV 사례를 중심으로-, 연세대학교, 심성우, 2014

● 하위문화로서의 푸드 포르노(Food Porn) 연구, -아프리카 TV 인터넷 먹방을 중심으로-, 조선대학교, 김혜진

● 아프리카TV(AfreecaTV)의 상호작용성에 관한 연구, 서강대학교, 정현수, 2016

● 교육평가용어사전, 한국교육평가학회, 2004.5.31, 학지사

● 디자인 콘셉트 개발 방법론으로서 '디자인 콘셉토' 교육 평가, 한양대학교, 최인영, 2015

● 사용편의성 향상을 위한 선풍기 디자인 연구, -콘셉트 디자인을 중심으로-, 한일전기그룹 디자인실, 2013년

● 사용편의성 향상을 위한 선풍기 디자인 연구, -콘셉트 디자인을 중심으로-, 한일전기그룹 디자인실, 2013년

● 디지털 애니메이션의 몰입감 분석 연구, -콘셉트와 스토리의 복합적 분석을 중심으로-, 전남대학교, 김기범, 김경수, 2016

● 기획의 99%는 컨셉이다, 탁정언, 원앤원북스, 2003

1인 미디어시대,
영향력 있는
BJ, 유투버를 꿈꾼다

초판 1쇄 발행 2016년 10월 14일

ⓒ 윤서영, 2016

지은이	윤서영
책임편집	김이태
편집진행	김정연
디자인	홍시

펴낸곳	커리어북스
등록	제 **2016-000071** 호
주소	**(06830)** 용인시 수지구 수풍로 90
전화	**070-8116-8867** (강의문의)
팩스	**070-4115-8867**
전자우편	home6678@naver.com

ISBN 979-11-959018-1-4

이 도서의 국립중앙도서관 출판예정도서목록(CIP)은 서지정보유통지원시스템
홈페이지(http://seoji.nl.go.kr)와 국가자료공동목록시스템(http://www.nl.go.
kr/kolisnet)에서 이용하실 수 있습니다. (CIP제어번호 : CIP2016023729)